한글로 발음 표기한

NIV 영어성경 암송요절 333

구약 전권 167절 해설 I

Written By

Thomas Bang

MP3
음원파일
다운로드

EMB

머 리 말

영어성경 암송요절 333 해설서는 영어성경 독해보다는 암송을 목적으로 쓰였습니다. 성경을 암기하여, 암송하고, 묵상하면, 하나님의 은혜를 충만히 받습니다. 성경은 원래 읽기 위해서 쓰인 것이 아니라 암송하고, 묵상하기 위해서 기록되었습니다.

성경 구약과 신약을 통독하는 것은 당연합니다. 성경을 통독하기는 쉽지 않습니다. 성경요절을 암기하기 위해 하나님 말씀의 배경과 흐름을 알아야 합니다. 요절을 이해하기 위해서 적어도 요절 앞부분과 뒷부분을 반드시 읽어야 합니다.

어렸을 때 암기한 성경 구절은 평생 잊지 않고, 어려움이 있을 때마다 이겨낼 수 있는 힘이 되고, 방패가 됩니다. 그리고 주님의 뜻대로 살아갈 수 있는 바탕이 됩니다.

우리가 21세기 Global 시대에 살고 있는 한 영어는 필수생활도구가 되었습니다. 우리나라의 영어 열풍이 광풍이라고 해도 지나친 말은 아닙니다. 영어의 필요성이 계속 증대되고 있습니다.

영어성경 구절을 암기하고, 암송하고, 묵상하면 하나님의 축복은 물론 영어의 실력도 크게 향상됩니다.

한국 기독교의 미래는 어린이들이 어렸을 때부터 하나님을 믿고, 영접하여 주님의 뜻대로 살아가야만 기독교의 뿌리가 튼튼해집니다.

유치부, 초등부, 중등부에서 부터 영어성경 요절을 정확한 영어발음으로 암기하면 Speaking, Listening, Writing, Reading 모두가 한꺼번에 능숙하게 되고, 동시에 하나님의 은혜를 크게 받게 됩니다.

한글로 표기한 NIV영어성경 암송요절 333은 NIV 영어성경과 개역개정 성경을 바탕으로 편집되었습니다.

영어성경 암송요절 333은 구약에서 167절, 신약에서 166절, 총 333절을 선정하였습니다. 구약 요절과 신약 요절이 각각 출판됩니다. 영어성경 원어민 파일도 준비되어 있습니다.

본 프로그램 목적과 프로그램 진행 방법이 차례 뒤에 상세히 적어놓았습니다. 프로그램 목적과 진행 방법을 충분히 숙지하시고 강의 또는 학습을 진행해 주시기 바랍니다.

영어성경 암송요절 333 해설서는 독해보다는 암송을 목적으로 쓰였기 때문에 영어발음이 생명입니다. 한글로 영어발음을 표기해서 누구나 영어를 읽고 익힐 수 있도록 하였습니다.

끝으로 영어성경 암송요절 333 선정과정에서 도움을 주신 순복음 경동교회 추은혜 전도사님과 교정을 도와주신 영어성경 Study Group의 사랑하는 제자들에게 진심으로 감사드립니다.

저자 Thomas Bang

차　　례

17. Esther(에스더 1절) 84P : 9:22
18. Job(욥기 7절) 86P : 8:5, 8:6, 12:12, 12:13, 20:5, 23:10, 33:26
19. Psalms(시편 33절) 90P : 1:1, 1:2, 1:3, 1:4, 1:5, 1:6, 18:2, 18:6, 23:1, 23:2, 23:3, 23:4, 23:5, 23:6, 34:4, 34:5, 42:1,46:1, 51:10, 55:22, 73:26, 79:13, 86:6, 86:7, 100:3, 100:4, 100:5, 111:10, 116:1, 118:24, 119:11, 119:105, 150:6
20. Proverbs(잠언 15절) 116P : 1:7, 3:5, 3:6, 7:1, 7:2, 7:3, 8:17, 9:10, 11:25, 15:1,16:9, 18:12, 22:6, 27:1, 30:8
21. Ecclesiastes(전도서 5절) 126P : 2:24, 5:2, 5:10, 9:18, 10:4
22. Song of Song(아가 1절) 130P : 8:7
23. Isaiah(이사야 13절) 132P : 1:18, 7:14, 9:6, 12:2, 40:31, 41:10, 43:1, 44:6, 53:5, 55:9, 59:1, 59:2, 64:8
24. Jeremiah(예레미야 5절) 144P : 10:10, 17:8, 29:11, 29:12, 29:13
25. Lamentations(예레미야애가 2절) 148P : 2:18, 3:33
26. Ezekiel(에스겔 2절) 150P : 14:11, 37:5
27. Daniel(다니엘 2절) 152P : 2:23, 12:10
28. Hosea(호세아 1절) 154P : 6:6
29. Joel(요엘 1절) 154P : 2:13
30. Amos(아모스 1절) 156P : 4:13
31. Obadiah(오바댜 1절) 156P : 1:4
32. Jonah(요나 1절) 158P : 3:10

33. Micah(미가 1절) 158P : 5:2
34. Nahum(나훔 1절) 160P : 1:3
35. Habakkuk(하박국 1절) 160P : 3:18
36. Zephaniah(스바냐 1절) 162P : 3:17
37. Haggai(학개 1절) 162P : 1:8
38. Zechariah(스가랴 1절) 164P : 8:17
39. Malachi(말라기 1절) 164P : 3:1 => 구약 167절
40. The Lord's Prayer(주기도문) 166P : Mt(6:9-13)

영어성경 요절 333 녹음 파일은?

(장:절 하단에 Track No가 기재되었습니다.)

1. 녹음 1 버전 (Track 1-1) : 느린 속도로 또박 또박 읽었습니다.
2. 녹음 2 버전 (Track 2-1) : 정상 속도로 읽었습니다.

Genesis 1:1에는 1-T1(느린 속도 버전에서 발음표기 부분)
(T1) 2-T1(정상 속도 버전에서 해설 부분)

영어성경 요절 암송은 영어발음이 생명이다!

영어성경 요절 영어 발음을 훈련하는 방법은?

1. 단계 : 유투브에서 한글로 표기한 영어 발음을 또박 또박 따라 읽으면서 발음을 익힙니다.
2. 단계 : 느린 속도 버전에서 한글발음을 점점 빨리 익힙니다.
3. 단계 : 정상 속도 버전 녹음 파일을 반복해서 익힙니다.

영어발음을 원어민처럼 바꾸고 싶은 분은?

1. 영어를 자기가 익숙한 영어발음대로 읽지 말고, 한글로 표기된 영어발음을 읽고, 원어민 녹음대로 반복해 익힌다.
2. 한 절을 정확한 발음으로, 리듬에 맞추어 발음이 완벽해질 때까지 반복해서 연습한다. 처음에는 시간이 많이 걸리지만 점점 소요시간이 줄어든다. 10절 이상 정확한 발음으로 리듬에 맞추어 암송하면 영어발음은 교정된다.

신약 : 27권

1. Matthew(마태복음) 21절 => 1:23, 3:3, 3:11, 3:16, 3:17, 4:4, 4:19, 5:3, 5:4, 5:5, 5:6, 5:13, 5:17, 5:44, 7:7, 7:8, 7:13, 7:21, 11:28, 16:16, 26:28
2. Mark(마가복음) 7절 => 1:2, 1:3, 9:23, 10:45, 11:24, 16:15, 16:16
3. Luke(누가복음) 7절 => 1:31, 1:32, 9:24, 11:13, 16:10, 18:17, 24:39
4. John(요한복음) 20절 => 3:5, 3:16, 3:17, 5:24, 5:39, 6:27, 6:35, 8:12, 8:47, 11:25, 11:26, 12:24, 13:34, 14:6, 14:21, 15:4, 15:5, 15:6, 15:7, 17:3
5. Acts(사도행전) 8절 => 1:5, 1:8, 2:21, 2:38, 3:19, 7:55, 7:56, 13:23
6. Romans(로마서) 13절 => 1:16, 1:17, 3:23, 3:24, 4:25, 5:8, 8:9, 10:9, 12:11, 12:12, 12:18, 12:19, 14:18
7. 1 Corinthians(고린도전서) 11절 =>1:21, 2:9, 2:10, 8:6, 10:13, 13:4, 13:5, 13:6, 13:7, 13:13, 15:58
8. 2 Corinthians(고린도후서) 4절 => 5:15, 9:8, 12:10, 13:5
9. Galatians(갈라디아서) 7절=> 1:4, 1:5, 3:22, 3:26, 3:27, 6:7, 6:8
10. Ephesians(에베소서) 8절=> 1:11, 3:8, 3:9, 4:5, 4:6, 6:1, 6:2, 6:3
11. Phillippians(빌립보서) 5절 => 1:29, 2:5, 2:6, 2:7, 2:8,
12. Colossians(골로새서) 4절 => 1:20, 1:24, 3:4, 3:23
13. 1 Thessalonians(데살로니가전서) 4절 => 3:13, 5:16, 5:17, 5:18
14. 2 Thessalonians(데살로니가후서) 2절 => 1:12, 3:10

15. 1 Timothy(디모데전서) 4절 => 2:5, 2:6, 6:7, 6:8
16. 2 Timothy(디모데후서) 2절 => 2:20, 2:21
17. Titus(디도서) => 2절 => 1:16, 3:3
18. Philemon(빌레몬서) 1절 => 1:20
19. Hebrews(히브리서) 8절 => 1:1, 1:2, 10:22, 10:36, 11:6,
12:11, 12:14, 13:7
20. James(야고보서) =>
21. 1 Peter(베드로전서) =>
22. 2 Peter(베드로후서) =>
23. 1 John(요한일서) =>
24. 2 John(요한이서) =>
25. 3 John(요한삼서) =>
26. Jude(유다서) =>
27. Revelation(요한계시록) =>

신약 166절

구약 39권 167절 + 신약 27권 166절 = 333절

한글로 표기한 NIV영어성경 암송요절 333 출판 목적?

1. 어린 영혼을 구하여, 한국 기독교의 부흥을 위해서 입니다.
2. 한글로 표기되었기 때문에 한글만 읽을 수 있으면 영어가 준비되지 않은 어린이, 청소년, 성인 누구도 익힐 수 있게 하기 위해서 입니다.
3. 영어로 성경말씀을 암기(Memory)하고, 암송(Recitation)하고, 묵상(Meditation)하여 하나님 말씀대로 살기 위해서 입니다.
4. 영어성경을 한 구절 한 구절 암기하여, 영어발음은 물론 영어대화, 영어쓰기, 영어독해를 할 수 있는 능력을 향상시켜 NIV 영어성경을 완독할 수 있게 하기 위해서 입니다.
5. 한국 기독교인들이 NIV 영어성경 요절 암송을 통해 모두 영어의 달인이 되기를 바라기 때문입니다.
6. NIV 영어성경 요절 암송을 통해 한국교회의 부흥을 목적으로 하고 있습니다.
7. 각 교회가 영어성경 요절 암송 경연대회를 열어 영어성경 암송 붐을 조성하기 위해서 입니다.

성경 구절을 암송하고, 묵상해야 할 이유는?

1. 성경은 읽기 위해서가 아니라 암송하고, 묵상하기 위해 기록되었습니다. (여호수아 1:8, 시편 1:2 => 암송과 묵상)
2. 성경 구절을 암송하면, 그것은 우리 영혼의 갈라진 틈 속으로 내려갑니다. 그리고 그것을 묵상하면 조용히 치유하는 파동을 내보내기 시작합니다.
3. 성경 구절을 암송하면 성경의 엄청난 보화들을 수시로 마음속에 떠올릴 수 있을 뿐만 아니라 내 삶 전체를 통해 하나님 말씀의 신령한 능력을 증거 할 수 있습니다.

4. 초등학교 시절에 암송한 성경 구절 중 상당수가 성인이 되어서도 기억에 남아 있었습니다. 우리가 살아가는 동안, 암송한 성경 구절은 여러 실수들을 막아주고, 죄악에 빠지지 않도록 지켜주고, 어려운 순간에는 격려를 해주고, 슬플 때에는 위안을 주고, 두려움 속에서는 평안을 주고, 절망 속에서는 용기를 줍니다. 우리 마음의 방에 저장되어 있는 성경 구절은 우리를 지켜주는 하나님의 방패입니다.

5. 초등학교 때 성경 구절을 암송하면 쉽게 암기가 되고, 그것을 바탕으로 평생 주님의 뜻대로 살아갈 수 있습니다. 성경 구절을 한글과 영어로 동시에 암기하면 일석 삼조 뛰어난 영어 실력자가 될 수 있습니다.

영어성경 암기 프로그램 진행 방법은?

1. 1단계 : 한글 표기를 또박 또박 읽습니다.
2. 2단계 : 점차적으로 속도를 늘려 읽습니다.
3. 3단계 : 요절의 뜻을 생각하면서 정상 속도로 읽습니다.
4. 4단계 : 원어민의 음성 파일을 듣고 따라 읽습니다.
5. 5단계 : 원어민의 발음과 거의 같아질 때까지 반복합니다.
   쉼, 억양 및 리듬에 맞추어 읽어야 합니다.

♣ 영어성경 원어민 파일은 **NAVER CAFE(검색어:영어성경 암송요절 333)에서 다운받을 수 있습니다.**

♣ 주의할 점은 한 절을 원어민의 발음과 같아질 때까지 진도를 나가지 않습니다. 한 절 한 절 완벽히 익히다 보면 나머지 절은 쉽게 성공할 수 있습니다. 한국인의 구강 근육은 한국어에 익숙해 있기 때문에 영어발음에 적응하기 위해 한 문장을 완벽히 연습함으로 영어발음에 적응력을 키웁니다.

영어성경 암기 프로그램 진행하는 교사의 지도 방침?

1. 교사는 어린이들이 절을 암기하기 전에 그들에게 성경의 배경을 알려주어야 합니다.
2. 교사 자신이 연습을 통해서 원어민의 영어발음과 거의 같은 수준의 발음으로 성경요절을 암송하도록 노력해야 합니다.
3. '암기의 비법은 양이 아니라 질입니다'. 한 절이라도 정확한 영어발음과 억양으로 리듬에 맞게 암기하고, 암송해야 합니다.
4. 어린아이들은 경쟁심을 일으킬 수 있는 방법을 고안해서 지도하는 것이 효과적입니다. (상품은 어린이가 좋아하는 아이템)
5. 성인이 영어성경 요절을 암기할 때에는 이미 암기하고 있는 자기가 가장 좋아하는 한국어 성경요절을 골라서 암기합니다.
6. 지도교사가 내용을 설명할 경우 문법적인 설명보다 내용을 파악하고 이해할 수 있도록 내용에 집중합니다.
7. 영어성경을 암송할 때 내용을 숙지하면서 정확한 발음으로 암송하도록 합니다.
8. 영어성경 요절을 암송할 때에는 원어민 녹음파일을 최대 활용하는 것이 좋습니다.
9. 암송할 때에는 찬양대에서 합창을 지도하는 것처럼 화음을 중요시 하여야 합니다.

♣ 영어성경 암송 비법은 한 절을 완벽히 암기하고, 영어발음과 리듬이 완성된 후에만 다음 절로 진도를 나갑니다.

♣ 영어성경 암송 비법은 반복, 반복, 또 반복입니다.

♣ 영어성경 암송은 나이와 암기능력에 따라 반복 회수가 조정합니다.

영어성경 암송요절 333 BM(Bible Memory)Campaign?

1. 각 교회에서 study group을 진행하게 될 교사 양성 프로그램입니다.
2. 영어성경요절 강사는 각 교회에서 추천을 받아 교육하며, 수료과정을 이수하면 영어발음이 마치 원어민처럼 발음이 좋아지고(연음 반복교육으로) 영어발음이 강의를 할 수 있는 수준이 되어 BM의 한 멤버로서 수료증을 받습니다.
3. 영어성경 암송요절 강사는 수료 후에도 계속 교육받습니다.
4. 수료증을 받으신 분은 BM Campaign의 한 회원으로 BM Campaign의 여러 가지 행사에 참여합니다.
5. 암송 교육은 유치부, 초등부, 중등부, 청년부, 성인부로 구성됩니다. 각 교회마다 프로그램이 진행됩니다.
6. 현재 추진 중인 사단법인 복음 선교 언어 센터에서는 영어성경 요절 암송 Campaign 프로그램 운영과 전 세계에 파송할 선교사의 여러 나라언어(영어는 필수과목, 지역 언어는 선택과목)들을 교육할 계획입니다. 복음을 전하려는 모든 기독교 선교사는 초교파로, 적은 비용으로, 교육받을 수 있습니다.

♣ 2014년 하반기에 영어성경요절 강사 1기생을 모집합니다. (영어성경 암송 캠페인 본부 010-5250-6343)

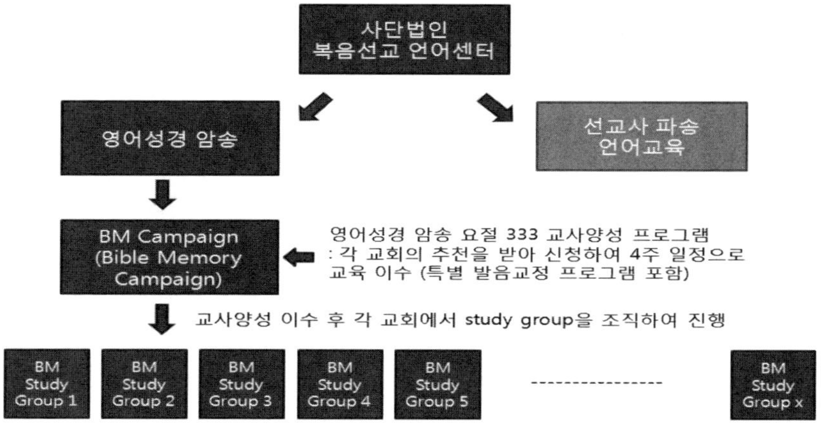

Genesis(창세기10절)

1:1 In the beginning / God created
(T1) 인 더 비**기**-닝 **갇** 크리**에**-이릿
the heavens / and the earth. //
더 **헤**-븐스 앤 디 **어**-ㄹ스

[개역개정] 태초에 하나님이 천지를 창조하시니라

1:2 Now / the earth was formless / and empty, /
(T2) **나**-우 디 **어**-ㄹ스 워즈 **훰**-레스 앤 **엠**-띠
darkness / was over the surface of the deep, /
다-ㄹㄱ네스 워즈 **오**-우벌 더 **썰**-휘스 옵 더 **딥**
and the Spirit of God / was hovering /
앤 더 스**삐**-릿 옵 **갇** 워즈 **호**-벌링
over the waters. //
오-우버ㄹ 더 **워**-럴스

[개역개정] 땅이 혼돈하고 공허하며 흑암이 깊음 위에 있고 하나님
의 영은 수면 위에 운행하시니라

Genesis(창세기)

1:1 In the beginning God created the heavens

부사구 S V O1

태초에 하나님께서 하늘과 땅을 창조하셨습니다.

and the earth.

O2

[직독직해] 태초에 하나님께서 하늘과 땅을 창조하셨습니다.

[문법설명] [in the beginning]은 부사구로 문장 앞에 왔고, 3형식이고, 목적어 2개를 취했다.

1:2 Now the earth was formless and empty,

부사 S V C1 C2

아직 땅은 모양을 갖추지 못했고, 텅 비어있었고,

darkness was over the surface of the deep, and

S V 부사구

어둠이 덮여있었고, 깊은 물 위에

the Spirit of God was hovering over the waters.

S V 부사구

하나님의영은 운행하고 있었다. 수면 위에

[직독직해] 아직 땅은 모양을 갖추지 못했고, 텅 비어있었고, 어둠이 깊은 물 위에 덮여 있었고, 하나님의 영은 수면위에 운행하고 있었다.

[문법설명] 2형식, 1형식, 1형식 단문 3개가 and로 연결되어 있다.

[Words & Phrases] 정확한 발음은 전자사전을 참고하시기를 바랍니다.

- in the beginning : 태초에 · create : 창조하다 · heaven : 하늘
- earth : 땅, 지구 · formless : 모양을 갖추지 못한 · empty : 텅 빈
- darkness : 어둠 · over the surface of the deep : 수면 위에
- surface : 표면 deep: 깊은 물 즉 바다 · spirit : 영, 성령
- hover : 운행하다, 하늘을 떠다니다

1:27 So God created man / in his own image, /
(T3) 쏘-**우** **갇** 크리**에**-이릿 **맨** 인 히즈 **오**-운 **이**-메이지

in the image of God / he created him; /
인 디 **이**-메이지 옵 **갇** 히 크리**에**-이릿 힘

male and female / he created them. //
메-어 앤 **휘**-메어 히 크리**에**-이릿 뎀

[개역개정] 하나님이 자기 형상 곧 하나님의 형상대로 사람을 창조
하시되 남자와 여자를 창조하시고

1:28 God blessed them / and said to them, /
(T4) **갇** 불**레**-스트 뎀 앤 **쎈** 투 뎀

"Be fruitful / and increase in number; /
비 후**룻**-훠 앤 인크**리**-스 인 **넘**-버ㄹ

fill the earth / and subdue it. //
휘-어 디 **어**-ㄹ스 앤 써브**듀**- 잇

Rule over the fish of the sea / and the
룰 **오**-우버ㄹ 더 **휘**-쉬 옵 더 **씨** 앤 더

birds of the air / and over every living
벌-즈 옵 디 **에**-어ㄹ 앤 **오**-우벌 **에**-브리 **리**-빙

creature / that moves on the ground." //
크**리**-췰 댓 **무**-브스 온 더 그**라**-운

[개역개정] 하나님이 그들에게 복을 주시며 하나님이 그들에게
이르시되 생육하고 번성하여 땅에 충만하라, 땅을 정
복하라, 바다의 물고기와 하늘의 새와 땅에 움직이는
모든 생물을 다스리라 하시니라

1:27 So God created man in his own image,
S V O 부사구
하나님이 사람을 창조하셨다. 자기 자신의 형상으로
in the image of God he created him;
부사구 S V O
하나님의 형상대로 하나님은 사람을 창조하셨다.
male and female he created them.
O S V O
남자와 여자 하나님은 그들을 창조하셨다.

[직독직해] 하나님이 자기 자신의 형상으로 사람을 창조하시고, 하나님의 형상대로 하나님은 사람을 창조하셨다. 남자와 여자 즉 그들을 하나님은 창조하셨습니다.

[문법설명] he는 하나님이시고, him은 man이다, [male and female]은 them과 동격이다. [in the image of God] 부사구가 도치

1:28 God blessed them and said to them, "Be fruitful
S V1 O V2 부사구 V1 C
하나님이 그들에게 복을 주시며 그들에게 말씀하셨다. "자식을 낳고
and increase in number; fill the earth and subdue it.
V2 부사구 V1 O . V2 O
번성하여 수가 땅을 가득 채워라. 땅을 정복하라
Rule over the fish of the sea and the birds of the air
V O1 O2
다스리라. 바다의 물고기와 하늘의 새와
and over every living creature that moves
O3 형용사절
모든 생물을 움직이는
on the ground."
부사구
땅에서

[직독직해] 하나님이 그들에게 복을 주시며 말씀하셨다. "자식을 낳고 번성하여 땅을 가득 채워라. 그리고 땅을 정복하라. 바다의 물고기와 하늘의 새와 땅에서 움직이는 모든 생물을 다스리라.

[문법설명] it는 the earth 이고, O3앞의 over 앞에 rule이 생략되었다.

[Words & Phrases] 정확한 발음은 전자사전을 참고하시기를 바랍니다.
· create : 창조하다 · own : 자신의 · image : 형상 · male : 남자
· female : 여자 · bless : 축복하다 · be fruitful : 자식을 낳다 · fill : 채우다
· increase : 번성하다 · subdue : 정복하다, 억제하다 · rule over : 다스리다
· living creature : 생물 · move : 움직이다 · ground : 운동장, 땅

2:3 And God blessed the seventh day / and
(T5) 앤 **갇** 블**레**-스ㅌ 더 **쎄**-븐스 데이 앤

made it holy, / because on it / he rested /
메-이릿 **호**-울리 비**코**-즈 오닛 히 **레**-스팃

from all the work of creating / that he had
후럼 **오**- 더 **워**-ㄹㄱ 옵 크레**에**-링 댓 히 핻

done. //
돈

[개역개정] 하나님이 그 일곱째 날을 복되게 하사 거룩하게 하셨으니 이는 하나님이 그 창조하시며 만드시던 모든 일을 마치시고 그날에 안식하셨음이니라

2:7 the LORD God formed the man / from the
(T6) 더 **로**-ㄹㄷ **갇** **훰**-드 더 **맨** 후럼 더

dust of the ground / and breathed / into
다-스ㅌ 옵 더 그**롸**-운 앤 브**리**-ㄷ 인투

his nostrils the breath of life, / and the
히즈 **나**-스트럴스 더 브**레**-스 옵**라**-이ㅎ 앤 더

man / became a living being. //
맨 비**케**-임 어 **리**-빙 **빙**

[개역개정] 여호와 하나님이 땅의 흙으로 사람을 지으시고 생기를 그 코에 불어넣으시니 사람이 생령이 되니라

2:3 And God blessed the seventh day and made it holy,

S V1 O V2 O OC

하나님이 그 일곱째 날을 축복하시고 거룩하게 하셨다.

because on it he rested from all the work of creating

접속사 부사구 S V 부사구

왜냐하면 그날에 그가 안식하셨다. 그 창조의 모든 일을 마치시고

that he had done.

형용사절

하나님이 행하신

[직독직해] 하나님이 그 일곱째 날을 축복하시고 거룩하게 하셨다. 이는 하나님이 행하신 그 창조의 모든 일을 마치시고 그날에 안식하셨습니다.

[문법설명] it는 the seventh day이고, he는 God이다. [on it]이 주어 앞에 도치되었다. [from all the work of creating] : 창조의 모든 일로부터 즉 창조의 모든 일을 마치시고 / [that he had done]에서 [had done]은 과거완료로 rested의 과거시제보다 먼저 일을 마치고 쉬었기 때문에 과거완료가 쓰였다.

2:7 the LORD God formed the man / from the dust

S 동격 V1 O 부사구

여호와 하나님이 사람을 지으시고 흙으로

of the ground / and breathed into his nostrils breath

형용사구 V2 부사구

땅의 기운을 그 코에 불어넣으시니

of the life, and the man became a living being.

O S V C

생명의 사람이 생명체가 되었습니다.

[직독직해] 여호와 하나님이 땅의 흙으로 사람을 지으시고 생명의 기운을 그 코에 불어넣으시니 사람이 생명체가 되었습니다.

[문법설명] [breathed into his nostrils the breath of life]에서 [into his nostrils] 부사구가 [the breath of life] 목적어 앞에 나왔다.

[Words & Phrases] 정확한 발음은 전자사전을 참고하시기를 바랍니다.

- the seventh day : 일곱째 날 · holy : 거룩한 · rest : 쉬다, 휴식
- that he had done : 그가 행한 · from all the work : 모든 일을 마치고
- form : 짓다, 형성하다 · dust : 흙, 먼지 · living being : 생명체
- breathe : 불어넣다, 호흡하다 · breath : 생기, 호흡 · nostril : 콧구멍

2:17 but you must not eat / from the tree of
(T7) **밧** 유 머스 **낫** **잇** 후럼 더 추**리**- 옵

the knowledge / of good and evil, / for
더 **날**-레쥐 옵 **굳** 앤 **이**-브 훨

when you eat of it / you will surely die." //
웬 유 **이**-러빗 유 위어 **슈**-얼리 **다**-이

[개역개정] 선악을 알게 하는 나무의 열매는 먹지 말라 네가 먹는 날에는 반드시 죽으리라 하시니라

3:15 And I will put enmity / between you and
(T8) 앤 아이위어 **풋** **엔**-미디 비투**윈**- 유 앤

the woman, / and between your offspring
더 **워**-맨 앤 비투**윈**- 유얼 **오**-후스쁘링

and hers; / he will crush your head, /
앤 **헐**-스 히 위어 크**라**-슈얼 **헨**

and you will strike his heel." //
앤 유 위어 스트**롸**-익히즈 **히**-얼

[개역개정] 내가 너로 여자와 원수가 되게 하고 네 후손도 여자의 후손과 원수가 되게 하리니 여자의 후손은 네 머리를 상하게 할 것이요 너는 그의 발꿈치를 상하게 할 것이니라 하시고

2:17 but you must not eat from the tree
S V 부사구
먹지 말라. 나무의 열매를

of the knowledge of good and evil,
형용사구
선악을 알게 하는

for when you eat of it you will surely die."
접속사 S V O S V
네가 그것을 먹을 때에는 너는 반드시 죽을 것이다.

[직독직해] 선악을 알게 하는 나무의 열매를 먹지 말라. 네가 먹을 때에는 너는 반드시 죽을 것이다.

[문법설명] [you must not eat] : 먹지 말라(너는 먹어서는 안된다.)
[of the knowledge] : 알게 하는
[the knowledge of good and evil] =>[A of B] : B를 A하다
[from the tree]앞에 fruit을 넣고 해석한다. it는 열매이다.

3:15 And I will put enmity between you and the
S V O 부사구
내가 원수가 되게 하고 너와 여자 사이를

woman, and between your offspring and hers;
부사구
네 후손과 여자의 후손 사이를

he will crush your head, and you will strike
S V O S V
여자의 후손이 네 머리를 부술 것이다. 너는 그의 발꿈치를 물을 것이다.

his heel."
O

[직독직해] 내가 너와 여자 사이를 원수가 되게 하고 네 후손과 여자의 후손 사이를 원수가 되게 할 것이다. 여자의 후손이 네 머리를 부술 것이다. 그리고 너는 그의 발꿈치를 물을 것이다.

[문법설명] I는 하나님이시고, you와 your는 뱀이고, he와 his는 인간이다. hers는 여자의 후손이다.

[Words & Phrases] 정확한 발음은 전자사전을 참고하시기를 바랍니다.

· of knowledge : 알게 하는 · good and evil : 선과 악 · offspring : 후손
· enmity : 원수, 적의, 증오 · crush : 부수다 · strike : 물다, 치다
· heel : 발꿈치

12:1 The LORD had said / to Abram, / "Leave
(T9) 더 로-ㄹㄷ 핻 쎈 투 에-이브럼 리-ㅂ

your country, / your people / and your
유얼 칸-추리 유얼 피-쁘 앤 유얼

father's household / and go to the land /
화-덜스 하-우스호울ㄷ 앤 고-우 투 더 랜

I will show you. //
아이위어 쇼- 유

[개역개정] 여호와께서 아브람에게 이르시되 너는 너의 고향과 친척과 아버지의 집을 떠나 내가 네게 보여 줄 땅으로 가라

12:2 "I will make you / into a great nation /
(T10) 아이 위어 메-이뀨 인투 어 그레-잇 네-이션

and I will bless you; / I will make your
앤 아이 위어 블레-슈 아이 위어 메-이뀨어ㄹ

name great, / and you will be a blessing. //
네-임 그레-잇 앤 유 위어 비 어 블레-싱

[개역개정] 내가 너로 큰 민족을 이루고 네게 복을 주어 네 이름을 창대하게 하리니 너는 복이 될지라

12:1 The LORD had said to Abram,
S V 부사구
여호와께서 아브람에게 말씀하셨습니다.

"Leave your country, your people and
V O1 O2
네 나라와 네 친족 떠나라.

your father's household and go to the land
O3 V 부사구
네 아버지의 집을 그리고 땅으로 가라.

I will show you.
형용사절
내가 네게 보여 줄

[직독직해] 여호와께서 아브람에게 말씀하셨습니다. 네 나라와 네 친족과 네 아버지의 집을 떠나라. 그리고 내가 네게 보여 줄 땅으로 가라.

[문법설명] leave의 명령문과 go의 명령문은 별개의 것이다.
I 와 land 사이에 관계대명사 목적격 which가 생략되었다.

12:2 "I will make you into a great nation and
S V O 부사구
내가 너를 큰 나라를 이루도록 만들어주고,

I will bless you; I will make your name great,
S V O S V O OC
내가 네게 복을 주어, 내가 네 이름을 빛나게 해줄 것이다.

and you will be a blessing.
S V C
너는 복이 될 것이다.

[직독직해] 내가 너를 큰 나라를 이루도록 만들어주고, 네게 복을 주어, 네 이름을 빛나게 해줄 것이다. 너는 복이 될 것이다.

[Words & Phrases] 정확한 발음은 전자사전을 참고하시기를 바랍니다.

· leave : 떠나다, 남기다, 버리다 · country : 나라, 시골 · land : 땅
· people : 사람들, 친족 민족(단수) · household : 가족, 집
· a great nation : 큰 나라 · blessing : 축복, 은총 · bless : 축복하다

Exodus(출애굽기 6절)

6:7 I will take you / as my own people, /
(T11)아이 위어 **테**-이뀨 애즈 마이 오운 **피**-쁘

and I will be your God. // Then you will
앤 아이 위어비 유얼 **갇** 덴 유 위어

know / that I am the LORD your God, /
노-우 댓 아이 앰 더 **로**-ㄹ쥬얼 **갇**

who brought you out / from under the
후 브**롸**-츄 **아**-웃 후럼 언-더ㄹ 더

yoke / of the Egyptians. //
욕 옵 디 이**집**-션스

[개역개정] 너희를 내 백성으로 삼고 나는 너희의 하나님이 되리니 나는 애굽 사람의 무거운 짐 밑에서 너희를 빼낸 너희의 하나님 여호와인 줄 너희가 알지라

20:6 but showing love / to a thousand
(T12) **밧** **쇼**-우윙 **러**-ㅂ 투 어 **따**-우젠

generations / of those / who love me /
제네**레**-이션스 옵 도-우즈 **후** **러**-ㅂ 미

and keep my commandments. //
앤 **킵** 마이 코**맨**-멘츠

[개역개정] 나를 사랑하고 내 계명을 지키는 자에게는 천 대까지 은혜를 베푸느니라

Exodus(출애굽기)

6:7 I will take you as my own people, and
S V O 부사구
내가 너희를 삼고, 내 백성으로

I will be your God. Then you will know
S V C 부사 S V
나는 너희의 하나님이 될 것이다. 그러면 너희는 알 것이다.

[that I am the LORD your God,]
[S] [V] [C] [동격]
내가 하나님 여호와인 줄

who brought you out from under the yoke
S V O 부사구
너희를 구해낸 속박으로 부터

of the Egyptians.
형용사구
이집트 사람들의

[직독직해] 내가 너희를 내 백성으로 삼고, 나는 너희의 하나님이 될 것이다. 그러면 너희는 내가 이집트 사람들의 속박으로 부터 너희를 구해낸 하나님 여호와인 줄 알것이다.

[문법설명] and : 그리고, who형용사절을 제한적용법으로 해석한다.

20:6 but showing love to a thousand generations
분사구문 O' 부사구
그러나 나는 사랑을 베풀 것이다. 천 대까지

of those [who love me and keep
형용사구 [V1] [O] [V2]
자에게는 나를 사랑하고 지키는

my commandments].
[O]
내 계명을

[직독직해] 그러나 나를 사랑하고 내 계명을 지키는 자에게는 천 대까지 사랑을 베풀 것이다.

[문법설명] [showing]=>[I show]로 본다. [ ]은 형용사절이다.

[Words & Phrases] 정확한 발음은 전자사전을 참고하시기를 바랍니다.

· own : 자신의, 소유하다 · brought you out : 너희를 구해냈다
· yoke : 멍에, 속박 · Egyptian : 이집트인 · show love : 사랑을 베풀다
· generation : 세대 · keep : 지키다 · commandment : 계명, 명령

23:13 "Be careful / to do everything / I have
(T13) 비 **케**-어흐 투 **두** **에**-브리띵 아이 해ㅂ

said / to you. // Do not invoke the
쎄ㄷ 투 유 두 **낫** 인**보**-ㄱ 더

names of other gods; / do not let
네-임즈옵 아덜 **가**-즈 두 **낫** **렛**

them / be heard / on your lips. //
뎀 비 **허**-ㄹㄷ 온 유얼 **맆**-스

[개역개정] 내가 네게 이른 모든 일을 삼가 지키고 다른 신들의 이름은 부르지도 말며 네 입에서 들리게도 하지 말지니라

23:25 Worship the LORD your God, / and his
(T14) **워**-ㄹ쉽 더 **로**-쥬얼 **갇** 앤 히즈

blessing will be on your food and
블**레**-씽 위어 비 오뉴얼 **훋** 앤

water. // I will take away sickness /
워-러ㄹ 아이위어 **테**-이꺼**웨**-이 **씩**-네스

from among you, /
후럼 어몽 유

[개역개정] 네 하나님 여호와를 섬기라 그리하면 여호와가 너희의 양식과 물에 복을 내리고 너희 중에서 병을 제하리니

23:13 "Be careful to do everything [I have said
V O [S] [V]
모든 것을 하는데 조심하라. 내가 말한

to you.] Do not invoke the names of other gods;
[부사구] V O
너에게 다른 신들의 이름을 부르지도 말며

do not let them be heard on your lips.
V O OC 부사구
그것들이 네 입술로 들리게 하지 말라.

[직독직해] 내가 너에게 말한 모든 것을 하는데 조심하라. 다른 신들의 이름을 부르지도 말며, 그것들이 네 입술로 들리게 하지 말라.

[문법설명] [everything (that) I have said]에서 관계대명사that 생략
[let them be heard]에서 be는 5형식에서 원형부정사이다.
them은 다름 신들의 이름이고, be는 목적격보어로 원형부정사

23:25 Worship the LORD your God, and his blessing
V O 동격 S
네 하나님 여호와를 섬기라. 그러면 여호와의 복이

will be on your food and water.
V 부사구
너희의 양식과 물에 내릴 것이며,

I will take away sickness from among you,
S V O 부사구
내가 병을 제거하겠다. 너희 중에서

[직독직해] 네 하나님 여호와를 섬기라. 그러면 여호와의 복이 너희의 양식과 물에 내릴 것이며, 내가 너희 중에서 병을 제거하겠다.

[문법설명] [명령문, and]에서 and는 [그러면]으로 해석한다.
his는 여호와시다.

[Words & Phrases] 정확한 발음은 전자사전을 참고하시기를 바랍니다.
· Be careful to do : 조심스럽게 지키다(하다) · invoke : 기원하다, 부르다
· worship : 섬기다, 예배하다 · blessing : 축복 · take away : 제거하다
· sickness : 병, 질병 · from among : ~중에서 부터

31:18 When the LORD finished speaking /
(T15) **웬** 더 **로**-ㄹㄷ 휘**니**-쉬ㄷ 스**삐**-낑

to Moses / on Mount Sinai, / he gave
투 **모**-우제스 온 **마**-운ㅌ **싸**-이나이 히 **게**-이ㅂ

him the two tablets of the Testimony, /
힘 더 투 **태**-브렛쩝 더 **테**-스띠모니

the tablets of stone / inscribed / by the
더 **태**-브렛쩝 스**똔**- 인스끄**롸**-이브ㄷ 바이 더

finger of God. //
휭-거롭 **갇**

[개역개정] 여호와께서 시내 산 위에서 모세에게 이르시기를 마치신 때에 증거판 둘을 모세에게 주시니 이는 돌판이요 하나님이 친히 쓰신 것이더라

34:14 Do not worship any other god, /
(T16) 두 **낫** **월**-쉽 에니 아덜 **갇**

for the LORD, / whose name is
훨 더 **로**-ㄹㄷ 후-즈 **네**-임 이즈

Jealous, / is a jealous God.: //
쟈-레스 이저 **쟈**-레스 **갇**

[개역개정] 너는 다른 신에게 절하지 말라 여호와는 질투라 이름하는 질투의 하나님임이니라

31:18 When the LORD finished speaking to Moses
접속사 S V O 부사구
여호와께서 말씀을 마쳤을 때, 모세에게
on Mount Sinai, he gave him the two tablets
부사구 S V IO DO
시내 산 위에서 그분은 두 개의 증거판을 그에게 주셨습니다.
of the Testimony, the tablets of stone inscribed
형용사구 동격 과거분사
돌판인 쓰신
by the finger of God.
부사구
하나님께서 손수

[직독직해] 여호와께서 시내 산 위에서 모세에게 말씀을 마쳤을 때, 하나님이 손수 쓰신 돌판인 두 개의 증거판을 모세에게 주셨습니다.

[문법설명] [he gave him the two tablets]에서 he는 여호와이시고, him은 모세이다. [inscribed]는 과거분사로 앞의 명사를 수식하는 형용사이다.

34:14 Do not worship any other god, for the LORD,
V O S
다른 신을 섬기지 말라. 왜냐하면 여호와는
whose name is Jealous, is a jealous God.:
형용사절 V C
질투라는 이름을 가진 질투의 하나님이시다.

[직독직해] 다른 신을 섬기지 말라. 왜냐하면 여호와는 질투라는 이름을 가진 질투의 하나님이시기 때문이다.

[문법설명] whose(소유격 관계대명사)의 선행사는 the LORD이다.

[Words & Phrases] 정확한 발음은 전자사전을 참고하시기를 바랍니다.
· finish : 마치다 · tablet : 판, 평판, 정제 · testimony : 증거, 증언
· stone : 돌, 바위 · inscribe : 새기다, 명심하다 · finger : 손수, 손가락
· worship : 섬기다, 예배하다, 예배, 숭배 · jealous : 질투심이 많은

Leviticus(레위기 1절)

23:3 "'There are six days / when you may work, /
(T17) 데어 알 쎅스 **데**-이즈 **웬** 유 메이 **워**-ㄹㄱ

but the seventh day / is a Sabbath of rest, /
밧 더 **쎄**-븐스 **데**-이 이저 **쌔**-배스 옵 **레**-스ㅌ

a day of sacred assembly. // You are not
어 **데**-이 옵 **쌔**-이크릿 어**쎔**-블리 유 알 **낫**

to do any work; / wherever you live, /
투 **두** 에니 **워**-ㄹㅋ 웬**에**-버ㄹ 유 **리**-ㅂ

it is a Sabbath / to the LORD. //
이리-저 **쌔**-배스 투 더 **로**-ㄹㄷ

[개역개정] 엿새 동안은 일할 것이요 일곱째 날은 쉴 안식일이니 성
회의 날이라 너희는 아무 일도 하지 말라 이는 너희가 거
주하는 각처에서 지킬 여호와의 안식일이니라

Leviticus(레위기)

23:3 "'There are six days when you may work,
V S 형용사절(관계부사)
엿새가 있다. 너희가 일 할 수 있는

but the seventh day is a Sabbath of rest,
S V C1
그러나 일곱째 날은 쉴 안식일이며,

a day of sacred assembly.
C2
거룩한 모임의 날이다.

You are not to do any work;
S V O'
너희가 어떠한 일도 해서는 안된다.

wherever you live, it is a Sabbath
부사절 S V C
너희가 어디에 살든지, 그날은 안식일이다.

to the LORD.
부사구
여호와께 바치는

[직독직해] 너희는 엿새 동안은 일을 하지만, 일곱째 날은 쉴 안식일이며, 거룩한 모임의 날이다. 너희가 어떠한 일도 해서는 안된다. 너희가 어디에 살든지, 그날은 여호와께 바치는 안식일이다.

[문법설명] [be + to 부정사]=>[의무], [be not to do] : should not do이고 it는 일곱째 날을 가리킨다.

[Words & Phrases] 정확한 발음은 전자사전을 참고하시기를 바랍니다.

· Sabbath : 안식일 · rest : 휴식, 쉬다 · sacred : 거룩한, 신성한
· assembly : 모임, 집회, 의원, 하원 · of rest : 쉴 수 있는

Numbers(민수기 4절)

14:22 not one of the men / who saw my glory
(T18) **낫** 원 옵 더 **멘** **후** **쏘**- 마이 글**로**-리

and the miraculous signs / I performed /
앤 더 미**뢔**-큐러스 **싸**-인즈 아이 퍼ㄹ**훠**-ㄹㅁㄷ

in Egypt / and in the desert / but who
인 **이**-집ㅌ 앤 인 더 **데**-저ㄹㅌ 밧 후

disobeyed me / and tested me ten times //
디서**베**-이ㄷ 미 앤 **테**-스팃 미 텐 **타**-임즈

[개역개정] 내 영광과 애굽과 광야에서 행한 내 이적을 보고서도 이같이 열 번이나 나를 시험하고 내 목소리를 청종하지 아니한 그 사람들은

14:23 not one of them / will ever see the land /
(T19) **낫** 워놉 뎀 위어 **에**-버ㄹ **씨** 더 **랜**

I promised on oath / to their forefathers. //
아이 프**라**-미스ㅌ 온 **오**-스 투 데어ㄹ 훠ㄹ**화**-더ㄹ즈

No one / who has treated me / with
노 원 후 해즈 추**리**-팃 미 윋

contempt / will ever see it. //
콘**템**-프ㅌ 위어 **에**-버ㄹ **씨** 잇

[개역개정] 내가 그들의 조상들에게 맹세한 땅을 결단코 보지 못할 것이요 또 나를 멸시하는 사람은 한 사람도 그것을 보지 못하리라

Numbers(민수기)

14:22 not one of the men who saw my glory and

S 관1 V O1

자는 누구도 내 영광을 보고도,

the miraculous signs I performed in Egypt

O2 S V 부사구1

내 기적을 내가 행한 이집트에서

and in the desert but who disobeyed me

부사구2 관2 V1 O

광야에서 그러나 내 말에 순종치 않고

and tested me ten times

V2 O 부사구

열 번이나 나를 시험한

[직독직해] 내 영광을 보고도, 내가 이집트와 광야에서 행한 내 기적을 보았지만 내 말에 순종치 않고 나를 열 번이나 시험하는 자는 누구도 그 땅을 보지 못할 것이다.

[문법설명] not (see the land)에서 (see the land)가 생략되었다고 본다. 22절의 동사는 23절의 see와 같다. 22절에는 주어만 있고, 관계대명사 who가 이끄는 절이 2개이다. I앞에 관계대명사 that이 생략

14:23 not one of them will ever see the land

S V O

그들 중 어느 누구도 땅을 보지 못할 것이고,

I promised on oath to their forefathers.

S V O 부사구

내가 그들의 조상들에게 맹세한

No one who has treated me with contempt

S 형용사절 부사구

나를 멸시하는 마음으로 대하는 사람은 어느 누구도

will ever see it.

V O

그 땅을 보지 못할 것이다.

[직독직해] 내가 그들의 조상들에게 맹세한 땅을 어느 누구도 보지 못할 것이고, 또 나를 멸시하는 마음으로 대하는 사람은 어느 누구도 그 땅을 보지 못할 것이다.

[문법설명] no one은 문장 전체를 부정한다. I 앞에 that 생략, it는 땅이다.

· glory : 영광 · miraculous : 기적의 · signs 증표들 · desert : 광야, 사막
· perform : 행하다, 연기하다 · disobey : 어기다 · test : 시험하다
· ten times : 10번 · promise : 약속하다 · oath : 맹세 · forefather : 조상
· treat : 대하다, 치료하다 · with contempt : 멸시로

23:19 God is not a man, / that he should lie, /
(T20) 갇 이즈 나-러 맨 댓 히 슏 라-이
nor a son of man, / that he should
노-러 써 놉 맨 댓 히 슏
change his mind. // Does he speak /
체-인쥐 히즈 마-인 더즈 히 스삑-
and then not act? // Does he promise /
앤 덴 낫 액-ㅌ 더즈 히 프라-미스
and not fulfill? //
앤 낫 후-휘어

[개역개정] 하나님은 사람이 아니시니 거짓말을 하지 않으시고 인생이 아니시니 후회가 없으시도다 어찌 그 말씀하신 바를 행하지 않으시며 하신 말씀을 실행하지 않으시랴

35:33 "'Do not pollute the land / where you
(T21) 두 낫 퍼르-ㅌ 더 랜 웨어류
are. // Bloodshed pollutes the land, /
알 블라-ㄷ쉐ㄷ 퍼르-ㅌ 더 랜
and atonement cannot be made / for
앤 어톤-멘ㅌ 캐낫 비 메-이ㄷ 훨
the land / on which blood has been
더 랜 온 위취 블라-ㄷ 해즈 벤
shed, / except by the blood of the
쉐-ㄷ 익쎕-ㅌ 바이 더 블라-ㄷ 옵 더
one / who shed it. //
원 후 쉐-릿

[개역개정] 너희는 너희가 거주하는 땅을 더럽히지 말라 피는 땅을 더럽히나니 피 흘림을 받은 땅은 그 피를 흘리게 한 자의 피가 아니면 속함을 받을 수 없느니라

23:19 God is not a man, that he should lie, nor a son
S V C1 접속사 S V C2
하나님은 사람이 아니시니, 거짓말을 하지 않으시고, 아들이 아니시니,
of man, that he should change his mind. Does he
S V O S
인간의 마음을 바꾸지 않으신다. 하나님은
speak and then not act? Does he promise and not
V1 부사 V2 S V
말씀하시고 행하지 않으시겠는가? 하나님은 약속하시고 실행하지 않으시겠는가?
fulfill?
V2

[직독직해] 하나님은 사람이 아니시니, 거짓말을 하지 않으시고, 인간의 아들이 아니시니, 마음을 바꾸지 않으신다. 하나님은 말씀하시고 행하지 않으시겠는가? 하나님은 약속하시고, 실행하지 않으시겠는가?

[문법설명] [that he should (not) lie]에서 (not)이 생략되었고, he는 하나님 [that he should (not) change his mind.]에서 (not)이 생략되었다.
[that ~ should] : 그래서(판단의 근거)

35:33 "'Do not pollute the land where you are. Bloodshed
V O 형용사절 S
땅을 더럽히지 말라. 너희가 사는 피 흘림은
pollutes the land, and atonement cannot be made
V O S V
땅을 더럽히니 속죄함이 이루어질 수 없다.
for the land on which blood has been shed,
부사구 관계대명사 S V
땅에는 피 흘림을 받은
except by the blood of the one who shed it.
부사구 형용사절
자의 피가 아니면 그 피를 흘리게 한

[직독직해] 너희는 너희가 사는 땅을 더럽히지 말라. 피 흘림은 땅을 더럽히니 피 흘림을 받은 땅에는 그 피를 흘리게 한 자의 피가 아니면 속죄함이 이루어질 수 없다.

[문법설명] [on which]의 선행사는 the land이다. it는 그 피를 말한다.

[Words & Phrases] 정확한 발음은 전자사전을 참고하시기를 바랍니다.
· lie : 거짓말하다, 거짓 · change : 바꾸다 · mind : 마음 · act : 행하다
· promise : 약속하다, 약속 · fulfill : 실행하다 · pollute : 오염시키다
· bloodshed : 피 흘림 · atonement : 속죄, 보상 · shed : 흘리다, 뿌리다

Deuteronomy(신명기 8절)

1:11 May the LORD, / the God of your fathers, /
(T22) 메이 더 **로**-ㄹㄷ 더 **갇** 오뷰얼 **화**-더ㄹ즈

increase you a thousand times / and
인크**리**-슈 어 **따**-우즌 **타**-임즈 앤

bless you / as he has promised! //
블**레**-슈 애즈 히 해즈 프**라**-미스ㅌ

[개역개정] 너희 조상의 하나님 여호와께서 너희를 현재보다 천 배나 많게 하시며 너희에게 허락하신 것과 같이 너희에게 복 주시기를 원하노라

4:31 For the LORD your God / is a merciful God; /
(T23) 훨 더 **로**-ㄹ쥬얼 **갇** 이저 **머**-ㄹ써흐 **갇**

he will not abandon / or destroy you / or
히 위어 **낫** 어**밴**-든 오 디스트**로**-이 유 오

forget the covenant / with your forefathers, /
훨-겟 더 **코**-비낸ㅌ 위듀얼 훨**화**-더ㄹ스

which he confirmed / to them / by oath. //
위-취 히 콘**훠**-ㄹㅁㄷ 투 뎀 바이 **오**-스

[개역개정] 네 하나님 여호와는 자비하신 하나님이심이라 그가 너를 버리지 아니하시며 너를 멸하지 아니하시며 네 조상들에게 맹세하신 언약을 잊지 아니하시리라

Deuteronomy(신명기)

1:11 May the LORD, the God of your fathers, increase

조동사 S 동격 V1

여호와께서 너희 조상의 하나님 불어나게 하시며,

you a thousand times and bless you

O 부사구 V2 O

너희를 천 배나 너희에게 복을 주실 것이다.

as he has promised!

부사절

그가 약속하신 대로

[직독직해] 너희 조상의 하나님 여호와께서 너희 자손을 천 배나 불어나게 하시며, 너희에게 약속하신 대로 너희에게 복을 주실 것이다.

[문법설명] May조동사는 기원을 나타낸다.
[has promised]는 현재완료의 완료를 나타낸다.

4:31 For the LORD your God is a merciful God;

S 동격 V C

네 하나님 여호와께서는 자비로우신 하나님이시니,

he will not abandon or destroy you

S V1 V2 O

그가 너희를 버리시거나 멸하지 아니하시고,

or forget the covenant with your forefathers,

V3 O 부사구

언약을 잊지 아니하실 것이다. 너희 조상들과의

which he confirmed to them by oath.

형용사절

네 조상들에게 맹세로 맺으신

[직독직해] 네 하나님 여호와는 자비로우신 하나님이시니, 그가 너희를 버리시거나 멸하지 아니하시고, 네 조상들에게 맹세로 맺으신 너희 조상들과의 언약을 잊지 아니하실 것이다.

[문법설명] 관계대명사 목적격 which의 선행사는 the covenant이다.
For는 원인을 나타내고, he는 여호와이시다.

[Words & Phrases] 정확한 발음은 전자사전을 참고하시기를 바랍니다.

- increase : 불어나다, 증가 · thousand times : 천배 · merciful : 자비로운
- promise : 약속하다, 약속 · abandon : 포기하다, 버리다
- destroy : 멸하다, 파괴하다 · forget : 잊다 · covenant: 언약, 약속
- forefather : 조상 · confirm : 확인하다, 다짐하다 · oath : 맹세

5:16 "Honor your father and your mother, / as
(T24) 아-너ㄹ 유어ㄹ 화-더ㄹ 앤 쥬어ㄹ 머-더ㄹ 애즈
the LORD your God has commanded you, /
더 로-쥬어ㄹ 갇 해즈 코맨-딧 유
so that you may live long / and that it
쏘 댓 유 메이 리-ㅂ 롱 앤 댓 잇
may go well with you / in the land /
메이 고 웨어 윋 유 인 더 랜
the LORD your God is giving you. //
더 로-쥬어ㄹ 갇 이즈 기-빙 유

[개역개정] 너는 네 하나님 여호와께서 명령한 대로 네 부모를 공경하라 그리하면 네 하나님 여호와가 네게 준 땅에서 네 생명이 길고 복을 누리리라

5:33 Walk in all the way / that the LORD your
(T25) 워-낀 오 더 웨-이 댓 더 로-쥬얼
God has commanded you, / so that
갇 해즈 코맨-딧 유 쏘 댓
you may live and prosper / and
유 메이 리-ㅂ 앤 프라-스퍼ㄹ 앤
prolong your days / in the land /
프로 롱- 유얼 데-이즈 인 더 랜
that you will possess. //
댓 유 위어 포째-씨스

[개역개정] 너희 하나님 여호와께서 너희에게 명령하신 모든 도를 행하라 그리하면 너희가 살 것이요 복이 너희에게 있을 것이며 너희가 차지한 땅에서 너희의 날이 길리라

5:16 "Honor your father and your mother, as the LORD
V O S
네 부모를 공경하라. 여호와께서

your God has commanded you, so that you may live
동격 V O 접속사 S V
네 하나님 너희에게 명령한 대로 그리하면 너희는 오래 살 것이고,

long and that it may go well with you in the land
부사 접속사 S V 부사 부사구 부사구
너희는 잘 살 것이다. 땅에서

the LORD your God is giving you.
S 동격 V O
네 하나님 여호와가 네게 준

[직독직해] 너희는 네 하나님 여호와께서 명령한 대로 네 부모를 공경하라. 그리하면 너희는 오래 살 것이고, 네 하나님 여호와가 네게 준 땅에서 너희는 잘 살 것이다.

[문법설명] [as A] : A 하는 대로 [, so that] 결과를 나타내는 접속사다.
[in the land]와 [the LORD] 사이에 관계대명사 that이 생략

5:33 Walk in all the way [that the LORD your God
V O [S] [동격]
모든 길을 따라가라. 너희 하나님 여호와께서

has commanded you], [so that you may live
[V] [O] [S] [V1]
너희에게 명령하신 그러면 너희가 살 것이고,

and prosper and prolong your days in the land
[V2] [V3] [O] [부사구]
풍요롭게 오래 오래 땅에서

that you will possess.
형용사절
너희가 차지할

[직독직해] 너희 하나님 여호와께서 너희에게 명령하신 모든 길을 따라가라. 그러면 너희가 차지할 땅에서 풍요롭게 오래 오래 살 것이다.

[문법설명] 첫 번째 [ ]는 형용사절로 선행사는 the way이고, 두 번째 [ ]은 부사절 [, so that] 결과를 나타내는 접속사다.

[Words & Phrases] 정확한 발음은 전자사전을 참고하시기를 바랍니다.
· honor : 존경하다, 존경 · command : 명령하다 · long : 오래, 긴
· so that : 그리하여 · go well with you : 너희가 잘 살다
· prosper : 번성하다 · prolong : 연장하다 · possess : 소유하다
· prosper and prolong your days : 풍요롭게 오래 살다.

11:25 No man will be able to stand /
(T26) 노 **맨** 위어 비 **에**-이블 투 스**땐**

against you. // The LORD your God, /
어**겐**-스 츄 더 **로**-쥬얼 **갇**

as he promised you, / will put the terror /
애즈 히 프**라**-미스뜌 위어 **풋** 더 **테**-러ㄹ

and fear of you / on the whole land, /
앤 **휘**-어ㄹ 오뷰 온 더 **홀** **랜**

wherever you go. //
웨어**에**-버ㄹ 유 **고**

[개역개정] 너희의 하나님 여호와께서 너희에게 말씀하신 대로 너희가 밟는 모든 땅 사람들에게 너희를 두려워하고 무서워하게 하시리니 너희를 능히 당할 사람이 없으리라

28:1 If you fully obey the LORD your God /
(T27) 이흐 유 **훌**-리 오**베**-이 더 **로**-쥬얼 **갇**

and carefully follow all his commands /
앤 **캐**-어흘리 **화**-로우 오 히즈 코**맨**-즈

I give you today, / the LORD your God /
아이 **기**-뷰 투데이 더 **로**-쥬얼 **갇**

will set you high / above all the nations /
위어 **쎗** 유 **하**-이 어**보**-ㅂ **오**- 더 **네**-이션즈

on earth. //
온 **어**-ㄹ스

[개역개정] 만일 네가 네 하나님 여호와의 말씀을 삼가 듣고 내가 오늘 네게 명령하는 그의 모든 명령을 지켜 행하면 네 하나님 여호와께서 너를 세계 모든 민족 위에 뛰어나게 하실 것이라

11:25 No man will be able to stand against you. The LORD
S V 부사구 S
너희와 맞설 사람은 아무도 없을 것이다. 여호와께서
your God, as he promised you, will put the terror and
동격 부사절 V1 O
너희의 하나님 너희에게 약속하신 대로 너희를 두려워하고
fear of you on the whole land, wherever you go.
V2 O 부사구 부사절
무서워하게하실 것이다. 모든 땅에서 너희가 어디를 가든지

[직독직해] 너희와 맞설 사람은 아무도 없을 것이다. 너희의 하나님 여호와께서 너희에게 약속하신 대로 너희가 어디를 가든 지 모든 땅에서 너희를 두려워하고 무서워하게 하실 것이다.

[문법설명] No는 문장 전체부정이고, wherever는 복합관계부사이다.

28:1 If you fully obey the LORD your God and
S 부사 V1 O 동격
만일 너희가 네 하나님 여호와의 말씀을 온전히 복종하고
carefully follow all his commands I give you today,
부사 V2 O S V O 부사
그의 모든 명령을 주의 깊게 따르면 내가 오늘 네게 한
the LORD your God will set you high above
S 동격 V O OC
네 하나님 여호와께서 너를 높이 세울 것이다.
all the nations on earth.
부사구 부사구
세계 모든 민족 위에

[직독직해] 만일 너희가 네 하나님 여호와의 말씀을 온전히 복종하고 내가 오늘 네게 한 그의 모든 명령을 주의 깊게 따르면 네 하나님 여호와께서 너를 세계 모든 민족 위에 높이 세울 것이다.

[문법설명] [commands (that) I]에서 관계대명사 that이 생략되었다.

[Words & Phrases] 정확한 발음은 전자사전을 참고하시기를 바랍니다.

- be able to(can) : 할 수 있다 · stand against : ~에 맞서다
- put the terror : 두려워하다, 두렵게 하다 · fear of : 무서워하다
- on the whole land 온 땅에 · wherever : 어디든지 · fully : 온전히, 완전히
- obey : 복종하다 · carefully : 주의 깊게 · follow : 따르다
- set high : 높이 세우다 · above all the nations : 모든 민족 위에

28:13 The LORD will make you the head, /
(T28) 더 로-ㄹㄷ 위어 메-이끆 더 헫
not the tail. // If you pay attention /
낫 더 테-어 이흐 유 페-이 어텐-션
to the commands / of the LORD your /
투 더 코멘-즈 옵 더 로-쥬얼
God / that I give you this day / and
갇 대라이 기-뷰 디스 데-이 앤
carefully follow them, / you will always
캐-어흘리 화-로우 뎀 유 위어 오-웨이즈
be / at the top, / never at the bottom. //
비 앳 더 탑 네-버ㄹ 앳 더 바-럼

[개역개정] 여호와께서 너를 머리가 되고 꼬리가 되지 않게 하시며 위에만 있고 아래에 있지 않게 하시리니 오직 너는 내가 오늘 네게 명령하는 네 하나님 여호와의 명령을 듣고 지켜 행하며

29:9 Carefully follow the terms / of this
(T29) 캐-어홀리 화-로우 더 터-ㄹㅁ스 옵 디스
covenant, / so that you may prosper /
카-비넨ㅌ 쏘 댓 유 메이 프라-스퍼ㄹ
in everything / you do. //
인 에-브리띵 유 두

[개역개정] 그런즉 너희는 이 언약의 말씀을 지켜 행하라 그리하면 너희가 하는 모든 일이 형통하리라

28:13 The LORD will make you the head, not the tail.
S V O OC1 OC2
여호와께서 너를 머리가 되게 하시고, 꼬리가 되지 않게 하시며,

[If you pay attention to the commands of the LORD
S V1 부사구
여호와의 명령을 주의 깊게 듣고,

your God that I give you this day and carefully
형용사절 부사
오늘 내가 너희에게 주는

follow them,] you will always be at the top, never
V2 O S V 부사구
그것들을 따르면, 위에만 있고 아래에 있지 않게 하실 것이다.

at the bottom.
부사구

[직독직해] 오늘 내가 너희에게 주는 명령을 주의 깊게 듣고, 그것들을 따르면, 여호와께서 너를 머리가 되게 하시고, 꼬리가 되지 않게 하시며, 위에만 있고 아래에 있지 않게 하실 것이다.

[문법설명] [ ]안의 if절이 The LOAD문장과 you문장 사이에 삽입되었다. that 관계대명사의 선행사는 the commands이다.

29:9 Carefully follow the terms of this covenant,
부사 V O
그런즉 너희는 이 언약의 말씀을 주의 깊게 따르라.

so that you may prosper in everything you do.
접속사 S V 부사구 형용사절
그리하면 너희가 하는 모든 일이 번성할 것이다.

[직독직해] 그런즉 너희는 이 언약의 말씀을 주의 깊게 따르라. 그리하면 너희가 하는 모든 일이 번성할 것이다.

[문법설명] [, so that] : 그러므로 결과를 나타내는 접속사이다.
[everything (that) you]에서 목적격 관계대명사 that이 생략되었다. 선행사는 everything이다.

[Words & Phrases] 정확한 발음은 전자사전을 참고하시기를 바랍니다.

- head : 머리 · tail : 꼬리 · pay attention : 주의를 기울이다
- command : 명령, 명령하다 · carefully : 주의 깊게, 조심스럽게
- follow : 따르다 · top : 꼭대기, 정상 · bottom : 바닥, 밑
- terms : 말씀, 조건, 기한, 기간 · covenant : 언약, 계약, 서약
- prosper : 번성하다

Joshua(여호수아 6절)

1:7 Be strong / and very courageous. // Be
(T30) 비 스추**롱**- 앤 베리 커**레**-이져스 비
careful to obey all the law / my servant
캐-어후 투 오**베**-이 오- 더 **로**- 마이 **써**-ㄹ벤ㅌ
Moses / gave you; / do not turn from it /
모-제스 **게**-이뷰 **두** **낫** **터**-ㄹㄴ 후러밋
to the right / or to the left, / that you may
투 더 **롸**-잇 오 투 더 **레**-흐ㅌ 댓 유 메이
be successful / wherever you go. //
비 썩**쎄**-스흐 웨어**에**-버ㄹ 유 **고**

[개역개정] 오직 강하고 극히 담대하여 나의 종 모세가 네게 명령한 그 율법을 다 지켜 행하고 우로나 좌로나 치우치지 말라 그리하면 어디로 가든지 형통하리니

1:8 Do not let this Book of the Law / depart
(T31) 두 **낫** **렛** 디스 **북** 옵 더 **로**- 디**파**-ㄹㅌ
from your mouth; / meditate on it / day
후럼 유얼 **마**-우스 **메**-디테이ㅌ 오닛 **데**-이
and night, / so that you may be careful /
앤 **나**-잇 쏘 댓 유 메이 비 **캐**-어흐
to do everything / written in it. // Then /
투 **두** **에**-브리띵 **륏**-은 이닛 **덴**
you will be prosperous and successful. //
유 위어 비 프**라**-스뻐레스 앤 썩**쎄**-스흐

[개역개정] 이 율법책을 네 입에서 떠나지 말게 하며 주야로 그것을 묵상하여 그 안에 기록된 대로 다 지켜 행하라 그리하면 네 길이 평탄하게 될 것이며 네가 형통하리라

Joshua(여호수아)

1:7 Be strong and very courageous. Be careful to obey
V C V C 형용사수식
힘을 내고 용기를 내라. 정성껏 지켜라.

all the law [my servant Moses gave you;]
O' [S] [동격] [V] [O]
그 모든 율법을 나의 종 모세가 너희에게 준

do not turn from it to the right or to the left,
V 부사구 부사구
율법으로부터 돌아서지 말라. 우로나 좌로나

that you may be successful wherever you go.
S V C 부사절
그리하면 성공할 것이다. 어디로 가든지

[직독직해] 힘을 내고 용기를 내라. 나의 종 모세가 너희에게 준 그 모든 율법을 정성껏 지켜라. 율법으로부터 우로나 좌로나 돌아서지 말라. 그리하면 어디로 가든지 성공할 것이다.

[문법설명] [ ]안은 형용사절로 선행사는 the law이다. it는 the law. [, (so) that ~ may] 그러면(결과를 나타내는 상관접속사 이다.)] wherever(~은 어디든지)는 복합관계부사이다.

1:8 Do not let this Book of the Law depart from
V O OC
이 율법책이 떠나지 말게 하며

your mouth; meditate on it day and night, so that
부사구 V O 부사구 상관접속사
네 입에서 그것을 묵상하라. 주야로 그리하여

you may be careful to do everything written in it.
S V C 형용사구 O' 과거분사 부사구
모든 것을 행하도록 지켜라. 그 안에 기록된

Then you will be prosperous and successful.
부사 S V C1 C2
그러면 너희는 번성하고 성공할 것이다.

[직독직해] 이 율법책이 네 입에서 떠나지 말게 하며 주야로 그것을 묵상하라. 그리하여 그 안에 기록된 모든 것을 행하도록 지켜라. 그러면 너희는 번성하고 성공할 것이다.

[문법설명] depart는 원형부정사, written 은 p.p로 everything 수식

[Words & Phrases] 정확한 발음은 전자사전을 참고하시기를 바랍니다.

· strong : 힘센, 강력한 · courageous : 용기 있는 · obey : 복종하다
· be careful to obey : 정성껏 지키다 · servant : 종, 하인
· turn from : 돌아서다, 치우치다 · successful : 성공적인
· depart : 떠나다 · meditate : 묵상하다, 명상하다 · written : 기록된

1:9 Have I not commanded you? // Be strong /
(T32) 해ㅂ 아이 **낫** 코**맨**-딛 유 비 스추**롱**
and courageous. // Do not be terrified; /
앤 커**레**-이져스 두 **낫** 비 **테**-러화이ㄷ
do not be discouraged, / for the LORD your
두 **낫** 비 디스**커**-레이짓 훨 더 **로**-쥬얼
God will be with you / wherever you go. //
갇 위어 비 윋 유 웨어**에**-버ㄹ 유 **고**

[개역개정] 내가 네게 명령한 것이 아니냐 강하고 담대하라 두려워하지 말며 놀라지 말라 네가 어디로 가든지 네 하나님 여호와가 너와 함께 하느니라 하시니라

3:5 Joshua told the people, / "Consecrate
(T33) **조**-슈하 **토**-우ㄷ 더 **피**-쁠 **콘**-씨크레이ㅌ
yourselves, / for tomorrow / the LORD
유어**쎄**-어ㅂ스 훨 투**모**-루 더 **로**-ㄹㄷ
will do amazing things / among you." //
위어 두 어**메**-이징 **띵**-즈 어몽 유

[개역개정] 여호수아가 또 백성에게 이르되 너희는 자신을 성결하게 하라 여호와께서 내일 너희 가운데에 기이한 일들을 행하시리라

1:9 Have I not commanded you? Be strong

S V O V C1
내가 네게 명령하지 않았느냐? 강해지고,

and courageous. Do not be terrified;

C2 V
담대하라. 두려워하지 말고,

do not be discouraged, for the LORD your God

V S 동격
낙담하지 말라. 너희 하나님 여호와께서

will be with you wherever you go.

V 부사구 부사절
너희와 함께 계실 것이다. 네가 어디로 가든지

[직독직해] 내가 네게 명령하지 않았느냐? 강해지고, 담대하라. 두려워하지 말고, 낙담하지 말라. 네가 어디로 가든지 너희 하나님 여호와께서 너희와 함께 계실 것이다.

[문법설명] [Have I not commanded you?]은 현재완료에서 경험을 나타낸다. for는 이유를 나타낸다.

3:5 Joshua told the people, "Consecrate yourselves,

S V O V O
여호수아가 백성에게 말씀하였다. 너희 자신을 성결하게 하라.

for tomorrow the LORD will do amazing things

부사 S V O
여호와께서 내일 놀라운 일을 하실 것이다.

among you."

부사구
너희 가운데에

[직독직해] 여호수아가 백성에게 말씀하였다. 너희 자신을 성결하게 하라. 여호와께서 내일 너희 가운데에 놀라운 일을 하실 것이다.

[문법설명] 여기서도 for는 이유를 나타낸다.
yourself는 재귀대명사로 목적어로 쓰였다.

[Words & Phrases] 정확한 발음은 전자사전을 참고하시기를 바랍니다.

· command : 명령하다, 명령 · courageous : 담대한, 용감한
· discourage : 낙담시키다, 실망시키다 · terrify : 무섭게 하다, 위협하다
· consecrate : 신성하게 하다, 성결하게 하다 · amazing : 놀라운
· things : 일들, 물건들 · among : 사이에

23:6 "Be very strong; / be careful to obey all
(T34) 비 베리 스츠**롱**- 비 **캐**-어후 투 오**베**-이 오-

that is written / in the Book of the Law /
댓 이즈 **륏**-은 인 더 **북** 옵 더 **로**-

of Moses, / without turning aside /
옵 **모**-우제스 위**다**-웃 **터**-ㄹ닝 어**싸**-ㄷ

to the right / or to the left. //
투 더 **롸**-잇 오 투 더 **레**-흐ㅌ

[개역개정] 그러므로 너희는 크게 힘써 모세의 율법 책에 기록된 것을 다 지켜 행하라 그것을 떠나 우로나 좌로나 치우치지 말라

24:20 If you forsake the LORD / and serve
(T35) 이흐 유 훠ㄹ**쎄**-익 더 **로**-ㄹㄷ 앤 **써**-ㄹㅂ

foreign gods, / he will turn and bring
훠-린 **갇**즈 히 위어 **터**-ㄹㄴ 앤 브**링**-

disaster on you / and make an end of
디**재**-스터ㄹ 온 유 앤 **메**-이껀 **엔**-돕

you, / after he has been good / to you." //
뷰 **애**-흐터ㄹ히 해즈 벤 **굳** 투 유

[개역개정] 만일 너희가 여호와를 버리고 이방 신들을 섬기면 너희에게 복을 내리신 후에라도 돌이켜 너희에게 재앙을 내리시고 너희를 멸하시리라 하니

23:6 "Be very strong; be careful to obey all
V C V C 부사구 O'
크게 힘내세요. 지키도록 정성을 다 하세요.

[that is written in the Book of the Law of Moses,]
[V] [부사구] [형용사구]
모세의 율법 책에 기록된 모든 것을

without turning aside to the right or to the left.
부사구 부사구'
벗어나지 말고, 우로나 좌로나

[직독직해] 크게 힘내세요. 우로나 좌로나 벗어나지 말고, 모세의 율법 책에 기록된 모든 것을 지키도록 정성을 다 하세요.

[문법설명] [to obey]는 부정사의 부사적 용법에서 형용사 careful을 수식하였다. [ ]안 형용사절로 선행사는 all이다.
[to the right or to the left]은 부사구로 turning aside를 수식한다.

24:20 If you forsake the LORD and serve foreign gods,
S V1 O V2 O
만일 너희가 여호와를 버리고, 이방 신들을 섬기면,

he will turn and bring disaster on you and make
S V1 V2 O 부사구 V3
여호와께서 마음을 돌이켜 너희에게 재앙을 내리시고,

an end of you, after he has been good to you."
O 부사절
너희를 멸하실 것이다. 여호와께서 너희에게 복을 주신 후에라도

[직독직해] 만일 너희가 여호와를 버리고 이방 신들을 섬기면, 여호와께서 너희에게 복을 주신 후에라도 마음을 돌이켜 너희에게 재앙을 내리시고, 너희를 멸하실 것이다.

[문법설명] if절은 그냥 조건절이다. after부사절은 동사 V1, V2, V3에 속하는 부사절이다.

[Words & Phrases] 정확한 발음은 전자사전을 참고하시기를 바랍니다.

· obey : 복종하다 · without : ~없이 · turn aside : 돌아서다, 외면하다
· forsake : 버리다, 돌보지 않다 · serve : 섬기다, 봉사하다 ·
· foreign gods : 이방 신들 · bring : 가져오다 · disaster : 재앙, 참사,
· make an end of you : 너희를 멸망시키다 · be good to : ~에게 복주다

Judges(사사기 2절)

6:16 The LORD answered, / "I will be / with
(T36) 더 로-ㄹㄷ 앤-써ㄹㄷ 아이위어 비 윋

you, / and you will strike down / all the
유 앤 유 위어 스츠롸-익 다-운 오- 더

Midianites together." //
미-디아나이츠 투게-더ㄹ

[개역개정] 여호와께서 그에게 이르시되 내가 반드시 너와 함께 하리니 네가 미디안 사람 치기를 한 사람을 치듯 하리라 하시니라

16:17 So he told her everything. // "No razor
(T37) 쏘 히 토-우 헐 에-브리띵 노 레-이져ㄹ

has ever been used / on my head," / he
해즈 에-버ㄹ 벤 유-스ㅌ 온 마이 헫 히

said, / "because I have been a Nazirite /
쎋 비코-즈 아이 해브 벤 어 내-저롸잇

set apart / to God / since birth. // If my
쎗 어파-ㄹㅌ 투 갇 씬스 버-ㄹ스 이흐 마이

head were shaved, / my strength would
헫 월 쉐-이브ㄷ 마이 스추랭-스 욷

leave me, / and I would become / as
리-ㅂ 미 앤 아이 욷 비캄 애즈

weak as / any other man." //
윜 애즈 에-니 아-더ㄹ 맨

[개역개정] 삼손이 진심을 드러내어 그에게 이르되 내 머리 위에는 삭도를 대지 아니하였나니 이는 내가 모태에서부터 하나님의 나실인이 되었음이라 만일 내 머리가 밀리면 내 힘이 내게서 떠나고 나는 약해져서 다른 사람과 같으리라 하니라

Judges(사사기)

6:16 The LORD answered, "I will be with you, and
S V S V 부사구
여호와께서 대답하셨습니다. "내가 너와 함께 있을 것이다.

you will strike down all the Midianites together."
S V O 부사
네가 모든 미디안 사람들을 한 거번에 쳐부술 것이다."

[직독직해] 여호와께서 대답하셨습니다. "내가 너와 함께 있을 것이다. 네가 모든 미디안 사람 모두를 동시에 쳐부술 것이다."

[문법설명] together : 한 거번에, 동시에

16:17 So he told her everything."No razor has ever been
S V IO DO S V
그래서 삼손은 그녀에게 모든 것을 말했다. "면도칼을 대어본적이 없다."

used on my head," he said, "because I have been
부사구 S V 접속사 S V
내 머리 위에는 라고 말했다. "왜냐하면 내가 되었기 때문이오.

a Nazirite set apart to God since birth. If my head
C 과거분사 부사구 부사구 S
하나님께 바쳐진 나실인이 모태에서부터 만일 내 머리카락이

were shaved, my strength would leave me, and
V S V O
깎이면 나의 힘은 나를 떠날것이고,

I would become as weak as any other man."
S V 부사구
나는 보통사람처럼 약해질 것이다."

[직독직해] 그래서 삼손은 그녀에게 모든 것을 말했다. "내 머리 위에는 면도칼을 대어본적이 없다."라고 말했다. "왜냐하면 내가 모태에서부터 하나님께 바쳐진 나실인이 되었기 때문이오. 만일 내 머리카락이 깎이면 나의 힘은 나를 떠날것이고, 나는 보통사람처럼 약해질 것이다."

[문법설명] set은 과거분사로 a Nazirite을 수식한다.
[has ever been used]은 경험, [have been]은 계속

[Words & Phrases] 정확한 발음은 전자사전을 참고하시기를 바랍니다.
· strike down : 쳐부수다 · razor : 면도기 · set apart : 바쳐진, 떼어 놓은
· since birth : 모태서부터, 태어난 이래 · shave : 깎다 · weak : 약한
· as ~ as : ~만큼 · as weak as : ~만큼 약한 · together : 한 거번에

Ruth(룻기 1절)

1:16 But Ruth replied, / "Don't urge me /
(T38) 밧 **뢰**-스 뤼플**라**-이ㄷ 돈 **어**-ㄹ지 미

to leave you / or to turn back / from you. //
투 **리**-뷰 오 투 **터**-ㄹㄴ **백** 후럼 유

Where you go / I will go, / and where
웨-어ㄹ 유 **고** 아이위어 **고** 앤 **웨**-어ㄹ

you stay / I will stay. // Your people
유 스**떼**-이 아이위어 스**떼**-이 유얼 **피**-프

will be my people / and your God my God. //
위어 비 마이 **피**-프 앤 유얼 **갇** 마이 **갇**

[개역개정] 룻이 이르되 내게 어머니를 떠나며 어머니를 따르지 말고 돌아가라 강권하지 마옵소서 어머니께서 가시는 곳에 나도 가고 어머니께서 머무시는 곳에서 나도 머물겠나이다 어머니의 백성이 나의 백성이 되고 어머니의 하나님이 나의 하나님이 되시리니

Ruth(룻기)

1:16 But Ruth replied, "Don't urge me to leave you
S V V O OC1 O'
그러자 룻이 대답했다. "내게 어머니를 떠나라고 강요하지 마십시오.

or to turn back from you. Where you go
OC2 부사구 부사절
혹은 어머니로부터 돌아서라고 어머니께서 가시는 곳에

I will go, and where you stay I will stay.
S V 부사절 S V
나도 갈 것이고, 어머니께서 머무시는 곳에 나도 머물겠습니다.

Your people will be my people and your God
S V C S
어머니의 백성이 나의 백성이 되고 어머니의 하나님이 나의 하나님이 되십니다.

my God.
C

[직독직해] 그러자 룻이 대답했다. "내게 어머니를 떠나거나 어머니로부터 돌아서라고 강요하지 마십시오. 어머니께서 가시는 곳에 나도 갈 것이고, 어머니께서 머무시는 곳에 나도 머물겠습니다. 어머니의 백성이 나의 백성이 되고, 어머니의 하나님이 나의 하나님이 되십니다.

[문법설명] where를 곳으로 해석한다. you는 어머니이다.
[your God (will be) my God]에서 (will be)가 생략되었다.

[Words & Phrases] 정확한 발음은 전자사전을 참고하시기를 바랍니다.
· reply : 대답하다 · urge : 강권하다, 주장하다 · leave : 떠나다, 남기다
· turn back from : ~에게서 돌아서다 · where : 곳, 어디에
· stay : 머물다

1 Samuel(사무엘상 7절)

2:1 Then Hannah prayed and said: / "My heart
(T39) 덴 **해**-나 프**레**-이ㄷ 앤 **쎈** 마이 **하**-ㄹㅌ
rejoices / in the LORD; / in the LORD /
뢰**죠**-이씨스 인 더 **로**-ㄹㄷ 인 더 **로**-ㄹㄷ
my horn is lifted high. // My mouth boasts
마이**호**-ㄹㄴ이즈 리흐팃 하-이 마이 **마**-우스 **보**-스츠
over my enemies, / for I delight / in your
오-우버 마이 **에**-너미즈 훨 아이딜**라**-이ㅌ 인 유얼
deliverance. //
디**리**-버랜스

[개역개정] 한나가 기도하여 이르되 내 마음이 여호와로 말미암아 즐거워하며 내 뿔이 여호와로 말미암아 높아졌으며 내 입이 내 원수들을 향하여 크게 열렸으니 이는 내가 주의 구원으로 말미암아 기뻐함이니이다

2:2 "There is no one holy / like the LORD; /
(T40) 데-얼 이즈 **노** 원 **호**-울리 라-익 더 **로**-ㄷ
there is no one / besides you; /
데-얼 이즈 **노** 원 비**싸**-이 쥬
there is no Rock / like our God. //
데-얼 이즈 **노** **롹** 라-익 아월 **갇**

[개역개정] 여호와와 같이 거룩하신 이가 없으시니 이는 주 밖에 다른 이가 없고 우리 하나님 같은 반석도 없으심이니이다

2:6 "The LORD brings death / and makes
(T41) 더 **로**-ㄹㄷ 브**링**-스 **데**-스 앤 **메**-익스
alive; / he brings down / to the grave /
얼**라**-이ㅂ 히 브**링**-스 **다**-운 투 더 그**레**-이ㅂ
and raises up. //
앤 **레**-이지스잡

[개역개정] 여호와는 죽이기도 하시고 살리기도 하시며 스올에 내리게도 하시고 거기에서 올리기도 하시는도다

1 Samuel(사무엘상)

2:1 Then Hannah prayed and said: "My heart rejoices in the
S V1 V2 S V 부사구
한나가 기도하여 말하기를 "내 마음이 여호와로 인해 즐거워지며,
LORD; in the LORD my horn is lifted high. My mouth
부사구 S V 부사 S
내 뿔이 여호와로 인해 높아지며, 내 입이
boasts over my enemies, for I delight in your deliverance.
V 부사구 S V 부사구
원수들에게 큰소리칩니다. 이는 내가 주의 구원을 기뻐하기 때문입니다."

[직독직해] 한나가 기도하여 말하기를 "내 마음이 여호와로 인해 즐거워지며, 내 뿔이 여호와로 인해 높아지며, 내 입이 원수들에게 큰소리칩니다. 이는 내가 주의 구원을 기뻐하기 때문입니다."

[문법설명] in the LORD : 여호와로 인해, for는 이유를 나타낸다.

2:2 "There is no one holy like the LORD; there is no
V S 부사구 V
거룩하신 이가 없으며, 여호와와 같이 없고,
one besides you; there is no Rock like our God.
S 부사구 V S 부사구
주 밖에 다른 이가 우리 하나님 같은 반석도 없습니다.

[직독직해] 여호와와 같이 거룩하신 이가 없으며, 주 밖에 다른 이가 없고, 우리 하나님 같은 반석도 없습니다.

[문법설명] holy는 앞 명사 one을 수식한다.

2:6 "The LORD brings death and makes alive;
S V1 O V2 C
여호와는 죽음을 가져오기도 하시고, 살리기도 하시며,
he brings down to the grave and raises up.
S V 부사구 V
지옥으로 떨어뜨리게도 하시고, 끌어올리기도 하십니다.

[직독직해] 여호와는 죽음을 가져오기도 하시고, 살리기도 하시며, 지옥으로 떨어뜨리게도 하시고, 끌어올리기도 하십니다.

[Words & Phrases] 정확한 발음은 전자사전을 참고하시기를 바랍니다.
· pray : 기도하다 · rejoice : 기뻐하다 · horn : 뿔, 뿔피리 · enemy : 적
· boast : 큰소리치다, 자랑하다 · delight in : 즐거워하다 · holy : 성스러운
· deliverance : 구원 · besides : ~이외에 · rock : 반석 · death : 죽음
· alive : 살아있는 · bring down : 끌어내리다 · rise up : 끌어 올리다

2:8 He raises the poor / from the dust / and lifts
(T42) 히 **레**-이지스 더 **포**-얼 후럼 더 **다**-스ㅌ 앤 **리**-흐ㅊ
the needy / from the ash heap; / he seats
더 **니**-리 후럼 디 **애**-쉽 히 **씻**-ㅊ
them / with princes and has them / inherit a
뎀 윋 프**린**-쎄스 앤 해즈 뎀 인**헤**-릿 어
throne of honor. // "For / the foundations of
드**로**-너ㅂ **아**-너ㄹ 훠 더 화인**데**-이션즈 옵
the earth / are the LORD'S; / upon them /
디 **어**-ㄹ스 알 더 **로**-ㄹ즈 오**펀**- 뎀
he has set the world. //
히 해즈 **셋** 더 **워**-ㄹㄷ

[직독직해] 가난한 자를 진토에서 일으키시며 빈궁한 자를 거름더미에서 올리사 귀족들과 함께 앉게 하시며 영광의 자리를 차지하게 하시는도다 땅의 기둥들은 여호와의 것이라 여호와께서 세계를 그것들 위에 세우셨도다

2:10 those / who oppose the LORD / will be
(T43) 도우즈 **후** 오**포**-우즈 더 **로**-ㄹㄷ 위어 비
shattered. // He will thunder / against
쉐-러ㄹㄷ 히 위어 **썬**-더ㄹ 어**겐**-스ㅌ
them / from heaven; / the LORD will
뎀 후럼 **헤**-븐 더 **로**-ㄹㄷ 위어
judge the ends of the earth. // "He will
쟈-지 디 **엔**-저ㅂ 디 **어**-ㄹ스 히 위어
give strength to his king / and exalt the
기-ㅂ 스ㅊ**랭**-스 투 히즈 **킹** 앤 이그**졸**-ㅌ 더
horn / of his anointed." //
호-ㄹㄴ 옵 히즈 어**노**-인팃

[직독직해] 여호와를 대적하는 자는 산산이 깨어질 것이라 하늘에서 우레로 그들을 치시리로다 여호와께서 땅 끝까지 심판을 내리시고 자기 왕에게 힘을 주시며 자기의 기름 부음을 받은 자의 뿔을 높이시리로다 하니라

2:8 He raises the poor from the dust and lifts the needy
S V1 O 부사구 V2 O
여호와께서 가난한 자를 흙먼지에서 일으키시며, 빈궁한자를 건져 올리시고,
from the ash heap; he seats them with princes and
부사구 S V1 O 부사구
잿더미에서 귀족들과 함께 앉게 하시며,
has them inherit a throne of honor."
V2 O OC O'
영광의 자리를 차지하게 하신다.
For the foundations of the earth are the LORD'S;
S 형용사구 V C
"땅의 기초는 여호와의 것이고,
upon them he has set the world.
부사구 S V O
그 기초위에 세상을 세우셨다.

[직독직해] 여호와께서 가난한 자를 흙먼지에서 일으키시며, 빈궁한 자를 잿더미에서 건져 올리시고, 귀족들과 함께 앉게 하시며, 영광의 자리를 차지하게 하신다. "땅의 기초는 여호와의 것이고, 그 기초위에 세상을 세우셨다.

2:10 those who oppose the LORD will be shattered.
S 형용사절 V
여호와께 맞서는 자는 산산이 부서질 것이다.
He will thunder against them from heaven; the LORD
S V 부사구 부사구 S
여호와께서는 하늘에서 우레로 그들을 칠 것이다. 여호와께서
will judge the ends of the earth."He will give strength
V O S V1 O
땅 끝까지 심판하시고, 여호와께서는 힘을 주시며,
to his king and exalt the horn of his anointed."
부사구 V2 O
자기 왕에게 자기의 기름부음을 받은 자의 뿔을 높이실 것이다.

[직독직해] 여호와께 맞서는 자는 산산이 부서질 것이다. 여호와께서는 하늘에서 우레로 그들을 칠 것이다. 여호와께서 땅 끝까지 심판하시고, 자기 왕에게 힘을 주시며, 자기의 기름부음을 받은 자의 뿔을 높이실 것이다.

[Words & Phrases] 정확한 발음은 전자사전을 참고하시기를 바랍니다.
· raise(lift) : 일으키다, 끌어 올리다 · the needy(the poor) : 가난한 자들
· the ash heap : 잿더미 · inherit : 유산상속하다 · anoint : 기름 붓다
· the throne of honor : 영광의 자리 · throne : 옥좌, 왕권 · set : 세우다
· foundation : 기초, 토대 · oppose : 반대하다 · shatter : 산산이 부수다
· thunder : 천둥, 천둥치다 · exalt : 높이다, 기쁘게 하다, 찬양하다

12:24 But be sure / to fear the LORD / and serve
(T44) 밧 비 슈-어ㄹ 투 휘-어ㄹ 더 로-ㄹㄷ 앤 써-ㄹㅂ
him faithfully / with all your heart; / consider
힘 훼-이스훌리 윋 오 유얼 하-ㄹㅌ 컨씨-더ㄹ
what great things / he has done / for you. //
웟 그레-잇 띵-즈 히 해즈 돈 훠 류

[개역개정] 너희는 여호와께서 너희를 위하여 행하신 그 큰 일을 생각하여 오직 그를 경외하며 너희의 마음을 다하여 진실히 섬기라

17:45 David said / to the Philistine, / "You
(T45) 데-이빗 쌘 투 더 휠-리스틴- 유
come / against me / with sword / and
캄 어겐-스ㅌ 미 윋 쏘-ㄹㄷ 앤
spear / and javelin, / but I come /
스뻬-어ㄹ 앤 재-벌린 버라이 캄
against you / in the name of the LORD
어겐-스츄 인 더 네-임옵 더 로-ㄹㄷ
Almighty, / the God of the armies of
오-마이리 더 갇 옵 디 아-ㄹ미즈 옵
Israel, / whom you have defied. //
이-즈라에- 훔 유 해-ㅂ 디화-이ㄷ

[개역개정] 다윗이 블레셋 사람에게 이르되 너는 칼과 창과 단창으로 내게 나아오거니와 나는 만군의 여호와의 이름 곧 네가 모욕하는 이스라엘 군대의 하나님의 이름으로 네게 나아가노라

12:24 But be sure to fear the LORD and serve him

V O O' V O

너희는 여호와를 경외하고, 여호와를 섬겨라.

faithfully with all your heart; consider

부사 부사구 V

온 마음을 다해서 진심으로 생각하라.

what great things he has done for you.

O 형용사절

그 큰일을 여호와께서 너희를 위하여 행하신

[직독직해] 너희는 여호와를 경외하고, 온 마음을 다해서 진심으로 여호와를 섬겨라. 여호와께서 너희를 위하여 행하신 그 큰일을 생각하라.

[문법설명] what은 관계대명사로 명사절이다. [things (that) he]에서 관계대명사 목적격 that이 생략되었다.

17:45 David said to the Philistine, "You come against me

S V 부사구 S V 부사구

다윗이 블레셋 사람에게 말했다. "너는 내게 대적하려고 나왔으나,

with sword and spear and javelin, but I come

부사구 S V

칼과 창과 단창으로 나는 나왔다.

against you in the name of the LORD Almighty,

부사구 부사구

만군의 여호와의 이름

the God of the armies of Israel, whom you have

동격 형용사절

이스라엘 군대의 하나님 네가 도전하는

defied.

[직독직해] 다윗이 블레셋 사람에게 말했다. "너는 칼과 창과 단창으로 내게 대적하려고 나왔으나, 나는 전능하신 여호와의 이름 즉 네가 도전하는 이스라엘 군대의 하나님의 이름으로 네게 나왔다.

[문법설명] whom의 선행사는 the God이다

[Words & Phrases] 정확한 발음은 전자사전을 참고하시기를 바랍니다.

· be sure : 확실히 하다 · fear : 경외, 무서워하다 · serve : 섬기다
· faithfully : 진실로 · with all your heart : 온 마음을 다 해서
· consider : 생각하다, 숙고하다 · sword : 칼, 검 · spear : 창
· javelin : 단창, 던지는 창 · almighty : 전능한, 만능의
· defy : 도전하다, 무시하다 · army : 군, 육군

2 Samuel(사무엘하 5절)

7:9 I have been with you / wherever you have
(T46)아이 해-ㅂ **벤** 윋 유 웨어**에**-버ㄹ 유 해ㅂ

gone, / and I have cut off / all your
곤 앤 아이 해-ㅂ 커**러**-흐 **오-** 유얼

enemies / from before you. // Now I will
에-너미즈 후럼 비**훠**-ㄹ 유 **나**-우 아이위어

make your name great, / like the names of
메-이뀨어 **네**-임 **그레**-잇 라익 더 **네**-임 섭

the greatest men / of the earth. //
더 **그레**-이티스ㅌ **멘** 옵 디 **어**-ㄹ스

[개역개정] 네가 가는 모든 곳에서 내가 너와 함께 있어 네 모든 원수를 네 앞에서 멸하였은즉 땅에서 위대한 자들의 이름 같이 네 이름을 위대하게 만들어 주리라

22:3 my God is my rock, / in whom / I take
(T47) 마이 **갇** 이즈 마이 **롹** 인 **훔** 아이**테**-익

refuge, / my shield / and the horn of my
레-휴쥐 마이 **쉬**-어ㄷ 앤 더 **호**-업 마이

salvation. // He is my stronghold, / my
쌜**베**-이션 히 이즈 마이 스츠**롱**-홀ㄷ 마이

refuge / and my savior--/ from violent
레-휴쥐 앤 마이 **쌔**-비어ㄹ 후럼 **바**-어런

men / you save me. //
멘 유 **쌔**-이ㅂ 미

[개역개정] 내가 피할 나의 반석의 하나님이시요 나의 방패시요 나의 구원의 뿔이시요 나의 높은 망대시요 그에게 피할 나의 피난처시요 나의 구원자시라 나를 폭력에서 구원하셨도다

2 Samuel(사무엘하)

7:9 I have been with you wherever you have gone, and
S V 부사구 부사절
나는 너와 같이 있었고, 네가 어디를 가는지

I have cut off all your enemies from before you.
S V O 부사구
너의 모든 적을 물리쳐주었다. 네 앞에서

Now I will make your name great, like the names
부사 S V O OC 부사구
이제 나는 네 이름을 위대하게 만들어 주겠다.

of the greatest men of the earth.
형용사구 형용사구
이 땅의 위대한 자들의 이름같이

[직독직해] 네가 어디를 가는지 나는 너와 같이 있었고, 네 앞에서 너의 모든 적을 물리쳐주었다. 이제 나는 이 땅의 위대한 자들의 이름같이 네 이름을 위대하게 만들어 주겠다.

[문법설명] [have been]와 [have cut off]는 현재완료의 계속적 용법이고, [have gone]은 현재완료의 결과이다. I는 여호와, you는 다윗

22:3 my God is my rock, [in whom I take refuge,] my shield
S V C1 형용사절 C2
나의 하나님은 나의 반석이시고, 내가 피할 수 있는 나의 방패이시고,

and the horn of my salvation. He is my stronghold,
C3 S V C1
나의 구원의 힘이십니다. 하나님은 나의 성체이시고,

my refuge and my savior-from violent men you save me.
C2 C3 부사구 S V O
나의 피난처이시고, 나의 구원자이십니다. 폭력자들로부터 나를 구해주셨습니다.

[직독직해] 나의 하나님은 내가 피할 수 있는 나의 반석이시고, 나의 방패이시고, 나의 구원의 힘이십니다. 하나님은 나의 성체이시고, 나의 피난처이시고, 나의 구원자이십니다. 나를 폭력자들로 부터 구해주셨습니다.

[문법설명] [in whom]에서 선행사는 God이다. horn은 power(힘)을 뜻한다. [from violent men] 부사구가 주어 앞에 도치되었다.

[Words & Phrases] 정확한 발음은 전자사전을 참고하시기를 바랍니다.
· cut off : 물리치다, 떼어내다 · wherever : ~는 어디든지 · enemy : 적
· rock : 반석, 바위 · refuge : 피난처, 피난 · shield : 방패 · horn : 뿔
· salvation : 구원 · savior : 구원자 · save : 구하다 · stronghold : 성채
· violent : 난폭한 · take refuge : 피난처를 구하다, 피난하다

22:27 to the pure / you show yourself pure, / but
(T48) 투 더 **퓨**-어ㄹ 유 **쇼**-우 유어쎄업 **퓨**-어ㄹ **밧**

to the crooked / you show yourself shrewd.//
투 더 크**루**-킷 유 **쇼**-우 유어쎄업 슈**른**-

[개역개정] 깨끗한 자에게는 주의 깨끗하심을 보이시며 사악한 자에게는 주의 거스르심을 보이시리이다

22:31 "As for God, / his way is perfect; / the word
(T49) 애즈 훨 **갇** 히즈 **웨**-이 이즈 **펄**-훽ㅌ 더 **워**-ㄹㄷ

of the LORD / is flawless. // He is a shield
옵 더 **로**-ㄹㄷ 이즈 훌**로**-레스 히 이저 **쉬**-어ㄷ

for all / who take refuge in him. //
훨 **오**- **후** **테**-익 **레**-휴쥐 인 힘

[개역개정] 하나님의 도는 완전하고 여호와의 말씀은 진실하니 그는 자기에게 피하는 모든 자에게 방패시로다

22:51 He gives his king great victories; / he shows
(T50) 히 **깁**-스 히즈 **킹** 그**레**-잇 **빅**-토리즈 히 **쇼**-즈

unfailing kindness / to his anointed, /
언**훼**-일링 **카**-인네스 투 히즈 어**노**-인팃

to David and his descendants / forever." //
투 **데**-이빗 앤 히즈 디**쎈**-댄츠 훠ㄹ**에**-버ㄹ

[개역개정] 여호와께서 그의 왕에게 큰 구원을 주시며 기름 부음 받은 자에게 인자를 베푸심이여 영원하도록 다윗과 그 후손에게로다 하였더라

22:27 to the pure you show yourself pure, but
부사구 S V O OC
깨끗한 자에게는 주는 깨끗하심을 보여주지만,

to the crooked you show yourself shrewd.
부사구 S V O OC
사악한 자에게는 주가 악함을 보여주십니다.

[직독직해] 깨끗한 자에게는 주는 깨끗하심을 보여주지만, 사악한 자에게는 주가 악함을 보여주십니다.
[문법설명] [to the pure]와 [to the crooked] 둘 다 도치되었다.
[the + 형용사]=> 복수 명사이다

22:31 "As for God, his way is perfect; the word
부사구 S V C S
하나님에게 있어서 하나님의 도는 완전하시고, 말씀은

of the LORD is flawless. He is a shield
형용사구 V C S V C
여호와의 진실하십니다. 하나님은 방패십니다.

for all who take refuge in him.
부사구 형용사절
모든 자에게 자기에게 피하는

[직독직해] 하나님에게 있어서 하나님의 도는 완전하시고, 여호와의 말씀은 진실하십니다. 하나님은 자기에게 피하는 모든 자에게 방패십니다.
[문법설명] who의 선행사는 all이다.

22:51 He gives his king great victories; he shows
S V IO DO S V
여호와께서 그의 왕에게 큰 승리를 주시며, 그분은 베푸십니다.

unfailing kindness to his anointed, to David
O 부사구 동격1
한결같은 사랑을 기름 부음 받은 자에게, 다윗에게

and his descendants forever."
동격2 부사
그 후손에게 영원히

[직독직해] 여호와께서 그의 왕에게 큰 승리를 주시며, 기름 부음 받은 자, 다윗과 그 후손에게 한결같은 사랑을 영원히 베푸십니다.
[문법설명] [his anointed]와 [David, descendants] 동격이다.

[Words & Phrases] 정확한 발음은 전자사전을 참고하시기를 바랍니다.
· pure : 순수한 · crooked : 사악한, 비뚤어진 · shrewd : 악한, 모진
· as for : ~ 에 관한 한, ~에 대해서 · perfect : 완전한
· flawless : 신실한, 결점이 없는 · victory : 승리 · unfailing : 한결같은
· anointed : 기름 부은 · descendant : 후손

1 Kings(열왕기상 5절)

2:3 and observe / what the LORD your God /
(T51) 앤 오브저-ㄹ브 웟 더 로-쥬 얼 갇

requires: / Walk in his ways, / and keep
뢰카-이어ㄹㅈ 워-낀 히즈 웨-이즈 앤 킵

his decrees / and commands, / his laws
히즈 디크리-즈 앤 컴맨-즈 히즈 로-즈

and requirements, / as written in the Law /
앤 뤼카-이어맨츠 애즈 륏-은 인 더 로-

of Moses, / so that you may prosper /
옵 모-제스 쏘 댓 유 메이 프라-스퍼ㄹ

in all you do / and wherever you go, /
인 오- 유 두 앤 웨어에-버ㄹ 유 고

[개역개정] 네 하나님 여호와의 명령을 지켜 그 길로 행하여 그 법률과 계명과 율례와 증거를 모세의 율법에 기록된 대로 지키라 그리하면 네가 무엇을 하든지 어디로 가든지 형통할지라

3:12. I will do / what you have asked. // I will
(T52) 아이위어 두 웟 유 해-ㅂ 애-스크ㅌ 아이 위어

give you a wise / and discerning heart, /
기-뷰 어 와-이즈 앤 디써-ㄹ닝 하-ㄹㅌ

so that / there will never have been
쏘 댓 데-어ㄹ 위어 네-버ㄹ 해-ㅂ 벤

anyone / like you, / nor will there ever be.//
에-니원 라-이뀨 노아ㄹ 위어 데-어ㄹ 에-버ㄹ 비

[개역개정] 내가 네 말대로 하여 네게 지혜롭고 총명한 마음을 주노니 네 앞에도 너와 같은 자가 없었거니와 네 뒤에도 너와 같은 자가 일어남이 없으리라

1 Kings(열왕기상)

2:3 and observe what the LORD your God requires:
V O(명사절)
네 하나님 여호와께서 명령하신 것을 지켜라.

Walk in his ways, and keep his decrees and
V 부사구 V O1
그의 길로 행하고, 지켜라 주님의 법률

commands, his laws and requirements, as written
O2 O3 O4 과거분사
계명 율법 요구 기록된 대로

in the Law of Moses, so that you may prosper
부사구 접속사 S V
모세의 율법에 그리하면 네가 번성할 것이다.

in all you do and wherever you go,
부사구 형용사절 부사절
네가 하는 모든 것에서, 어디로 가든지

[직독직해] 네 하나님 여호와께서 명령하신 것을 지켜라. 그의 길로 행하고, 모세의 율법에 기록된 대로 주님의 법률과 계명과 율법과 요구를 지키라. 그리하면 네가 하는 모든 것에서, 어디로 가든지 번성할 것이다.

[문법설명] requirements(NIV)=>testimonies(NASB), [you do]앞에 that이 생략.[as (they are) written]에서 (they are)가 생략

3:12. I will do what you have asked. I will give you
S V O S V IO
내가 네 말대로 하겠다. 내가 네게 주겠으니

a wise and discerning heart, so that there will never
DO 접속사 V
지혜롭고 총명한 마음을 결코 없을 것이다.

have been anyone like you, nor will there ever be.
S 부사구 V
너와 같은 사람이 예전에도 없었고, 앞으로도

[직독직해] 내가 네 말대로 하겠다. 네게 지혜롭고 총명한 마음을 주겠으니 너와 같은 사람이 예전에도 없었고, 앞으로도 없을 것이다.

[문법설명] [there will never have been]은 과거에 없었다는 뜻이고, [nor will there ever be]은 미래에도 없다는 뜻. you는 솔로몬

[Words & Phrases] 정확한 발음은 전자사전을 참고하시기를 바랍니다.
· observe : 지키다, 보다 · require : 명령하다, 요구하다 · decree : 법령
· command : 계명, 명령, 명령하다 · law : 율법, 법 · wherever : 어디든지
· requirement : 요구 · prosper : 번성하다, 성공하다 · wise : 현명한
· discerning : 분별력이 있는, 총명한 · so that : 그래서

3:14 And if you walk / in my ways / and obey
(T53) 앤 이흐 유 **워**-ㄱ 인 마이 **웨**-이즈 앤 오**베**-이
my statutes and commands / as David
마이 스**때**-튜츠스 앤 코**맨**-즈 애즈 **데**-이빗
your father did, / I will give you a long life."
유얼 **화**-더ㄹ 딛 아이위어 **기**-뷰 어 **롱 라**-이흐

[개역개정] 네가 만일 네 아버지 다윗이 행함 같이 내 길로 행하며 내 법도와 명령을 지키면 내가 또 네 날을 길게 하리라

6:12 "As for this temple / you are building, /
(T54) 애즈 훨 디스 **템**-프 유 알 **빌**-딩
if you follow my decrees, / carry out my
이흐 유 **화**-로우 마이 디크**리**-즈 **캐**-리 아웃 마이
regulations / and keep all my commands /
레귤**레**-이션즈 앤 **킵** 오- 마이 코**맨**-즈
and obey them, / I will fulfill / through you /
앤 오**베**-이 뎀 아이 위어 **훌**-휠 두**루**- 유
the promise / I gave to David your father. //
더 프**라**-미스 아이**게**-이ㅂ 투 **데**-이빗 유얼 **화**-더ㄹ

[개역개정] 네가 지금 이 성전을 건축하니 네가 만일 내 법도를 따르며 내 율례를 행하며 내 모든 계명을 지켜 그대로 행하면 내가 네 아버지 다윗에게 한 말을 네게 확실히 이룰 것이요

3:14 And if you walk in my ways and obey my statutes
S V1 부사구 V2 O1
만일 네가 내 길로 걷고, 내 법도와 명령을 지키면,
and commands as David your father did,
O2 S 동격 V
네 아버지 다윗이 행했던 것 같이
I will give you a long life."
S V IO DO
내가 너에게 오래 살게 할 것이다.

[직독직해] 만일 네가 네 아버지 다윗이 행했던 것 같이 내 길로 걷고, 내 법도와 명령을 지키면, 내가 너에게 오래 살게 할 것이다.
[문법설명] [I will give you a long life.]은 내가 너에게 긴 생명을 주겠다. 즉 오래 살게 해주겠다는 뜻이다.

6:12 "As for this temple you are building, if you follow
부사구 형용사절1 S V1
이 성전에 관해 네가 건축하고 있는 네가 만일 따르고,
my decrees, carry out my regulations and keep
O V2 O V3
내 법도를 내 율례를 행하며, 지켜서
all my commands and obey them, I will fulfill
O V4 O S V
내 모든 계명을 그것들을 따르면 내가 이루어 주겠다.
through you the promise I gave to David your father.
부사구 O 형용사절2
너를 통해서 약속을 네 아버지 다윗에게 한

[직독직해] 네가 건축하고 있는 이 성전에 관해 네가 만일 내 법도를 따르고, 내 율례를 행하며, 내 모든 계명을 지켜서 그것들을 따르면 내가 네 아버지 다윗에게 한 약속을 너를 통해서 네게 이루어 주겠다.
[문법설명] 형용사절1의 선행사는 this temple이고, 형용사절2의 선행사는 the promise이다.
[through you]는 삽입구로 동사 fulfill과 목적어 the promise 사이에 들어갔다. you는 솔로몬이다.

[Words & Phrases] 정확한 발음은 전자사전을 참고하시기를 바랍니다.
· obey : 지키다, 복종하다 · statute : 법령, 정관 · command : 명령
· temple : 성전, 절 · follow : 따르다 · decree : 법령, 명령
· carry out : 행하다, 실천하다 · regulation : 규칙, 규율, 명령
· fulfill : 실행하다, 실천하다, 행하다

11:11 So the LORD said / to Solomon, / "Since
(T55) 쏘 더 로-ㄹㄷ 쎈 투 쌀-로맨 씬스

this is your attitude / and you have not
디스 이즈 유얼 애-디튣 앤 유 해ㅂ 낫

kept my covenant / and my decrees, /
켑-ㅌ 마이 코-비낸ㅌ 앤 마이 디크리-즈

which I commanded you, / I will most
위치 아이 코맨-디 쥬 아이위어 모스ㅌ

certainly tear the kingdom away / from
써-ㄹ은리 테-어ㄹ 더 킹-덤 어웨-이 후럼

you / and give it / to one of your
유 앤 기-빗 투 워너ㅂ 유얼

subordinates. //
써보-디네츠

[개역개정] 여호와께서 솔로몬에게 말씀하시되 네게 이러한 일이 있었고 또 네가 내 언약과 내가 네게 명령한 법도를 지키지 아니하였으니 내가 반드시 이 나라를 네게서 빼앗아 네 신하에게 주리라

11:11 So the LORD said to Solomon, ["Since this
S V 부사구 S
그래서 여호와께서 솔로몬에게 말씀하셨다. 이것이
is your attitude and you have not kept my covenant
V C S V O1
네 마음가짐이고, 내 언약과 내 법을 지키지 않았으므로
and my decrees, which I commanded you,]
O2 형용사절
내가 너에게 명령한
I will most certainly tear the kingdom away
S 부사 V O
나는 분명히 왕국을 뺏어
from you and give it to one of your subordinates.
부사구 V O 부사구
너에게서 네 신하에게 주겠다.

[직독직해] 그래서 여호와께서 솔로몬에게 말씀하셨다. 이것이 네 마음가짐이고, 내가 너에게 명령한 내 언약과 내 법을 지키지 않았으므로 나는 분명히 왕국을 너에게서 뺏어 네 신하에게 주겠다.

[문법설명] which는 관계대명사로 선행사는 my covenant와 my decrees이다. [ ]안 부사절로 원인을 나타낸다.

[Words & Phrases] 정확한 발음은 전자사전을 참고하시기를 바랍니다.
· attitude : 마음가짐, 태도, 자세 · covenant : 언약, 계약
· decree : 법령, 판결 · command : 명령하다, 명령 · certainly : 분명히
· kingdom : 왕국, 나라 · subordinate : 신하, 부하, 예하의, 속하는

2 Kings(열왕기하 2절)

5:14 So he went down / and dipped himself /
(T56) 쏘 히 웬 다-운 앤 딮-ㅌ 힘쎄-업
in the Jordan / seven times, / as the man
인 더 죠-렌 쎄븐 타-임즈 애즈 더 맨
of God / had told him, / and his flesh
옵 갇 핻 토-우 힘 앤 히즈 흘레-쉬
was restored / and became clean /
워즈 리스또-아ㄷ 앤 비캐-임 클린-
like that of a young boy. //
라-익 댓 오버 영 보-이

[개역개정] 나아만이 이에 내려가서 하나님의 사람의 말대로 요단 강에 일곱 번 몸을 잠그니 그의 살이 어린 아이의 살 같이 회복되어 깨끗하게 되었더라

20:6 I will add fifteen years / to your life. /
(T57) 아이위어 애-ㄷ 휘흐틴- 이-얼즈 투 유어 라-이흐
And I will deliver you / and this city /
앤 아이위어 디리-버ㄹ 유 앤 디스 씨-리
from the hand / of the king of Assyria. //
후럼 더 핸- 옵 더 킹 옵 아씨-뤼아
I will defend this city / for my sake /
아이위어 디휀- 디스 씨-리 훨 마이 쎄-익
and for the sake / of my servant David.'" //
앤 훨 더 쎄-익 옵 마이 써-ㄹ밴ㅌ 데-이빗

[개역개정] 내가 네 날에 십오 년을 더할 것이며 내가 너와 이 성을 앗수르 왕의 손에서 구원하고 내가 나를 위하고 또 내 종 다윗을 위하므로 이 성을 보호하리라 하셨다 하라 하셨더라

2 Kings(열왕기하)

5:14 So he went down and dipped himself in the Jordan

S V1 V2 O 부사구

그래서 나아만이 내려가서 몸을 담그니 요단강에

seven times, as the man of God had told him, and

부사구 S V O

일곱 번 하나님의 사람이 그에게 말한 대로

his flesh was restored and became clean like that

S V1 V2 C 부사구

그의 살이 회복되어 깨끗하게 되었다. 같이

of a young boy.

형용사구

어린 아이의 살

[직독직해] 그래서 나아만이 내려가서 하나님의 사람이 그에게 말한 대로 회복되어 깨끗하게 되었다.

[문법설명] 여기서 he는 나아만이고, the man of God는 선지자 엘리사이다

20:6 I will add fifteen years to your life. And I will deliver

S V O 부사구 S V

내가 십오 년을 더할 것이며 네 수명에 내가 구원하겠다.

you and this city from the hand of the king of Assyria.

O 부사구 형용사구

너와 이 성을 앗시리아 왕의 손에서

I will defend this city for my sake and for the sake

S V O 부사구1 부사구2

내가 이 성을 지켜주겠다. 나를 위해, 위해

of my servant David.'"

형용사구 동격

또 나의 종 다윗을

[직독직해] 내가 네 수명에 십오 년을 더할 것이며, 내가 너와 이 성을 앗시리아 왕의 손에서 구원하겠다. 내가 나를 위해, 또 나의 종 다윗을 위해 이 성을 지켜주겠다.

[문법설명] 여기서 I는 여호와이시다. your는 하기스왕이다.

[Words & Phrases] 정확한 발음은 전자사전을 참고하시기를 바랍니다.

· dip : 담그다, 세례를 베풀다 · flesh : 살, 육체 · restore : 회복하다

· clean : 깨끗한 · add : 더하다 · deliver : 구하다, 배달하다

· defend : 지키다, 방어하다 · for my sake : 나 자신을 위하여

· servant : 하인, 신하

1 Chronicles(역대상 4절)

17:8 I have been / with you / wherever you
(T58) 아이 해ㅂ **벤** 윋 유 웨어**에**-버ㄹ 유

have gone, / and I have cut off all your
해ㅂ **곤** 앤 아이 해ㅂ 커**러**-흐 오 유얼

enemies / from before you. // Now I will
에-너미즈 후럼 비**훨** 유 **나**-우아이위어

make your name / like the names of the
메-이뀨어ㄹ **네**-임 라익 더 **네**-임좁 더

greatest men / of the earth. //
그**레**-이티스ㅌ **멘** 옵 디 **어**-ㄹ스

[개역개정] 네가 어디로 가든지 내가 너와 함께 있어 네 모든 대적을 네 앞에서 멸하였은즉 세상에서 존귀한 자들의 이름 같은 이름을 네게 만들어 주리라

22:10 He is the one / who will build a house /
(T59) 히 이즈 더 **원** **후** 위어 **빌**-더 **하**-우스

for my Name. // He will be my son, /
훨 마이 **네**-임 히 위어 비 마이 **썬**

and I will be his father. // And I will
앤 아이위어 비 히즈 **화**-더ㄹ 앤 아이위어

establish the throne / of his kingdom /
이스**태**-블리쉬 더 드**로**-운 옵 히즈 **킹**-덤

over Israel / forever.' //
오-우버ㄹ**이**-즈레오 훠ㄹ**에**-버ㄹ

[개역개정] 그가 내 이름을 위하여 성전을 건축할지라 그는 내 아들이 되고 나는 그의 아버지가 되어 그 나라 왕위를 이스라엘 위에 굳게 세워 영원까지 이르게 하리라 하셨나니

1 Chronicles(역대상)

17:8 I have been with you wherever you have gone, and
S V 부사구 부사절
내가 너와 함께 있어 네가 어디로 가든지

I have cut off all your enemies from before you.
S V O 부사구
네 모든 원수를 물리쳐 주었다. 네 앞에서

Now I will make your name like the names
S V O 부사구
이제 내가 네 이름을 만들어 주겠다. 이름 같이

of the greatest men of the earth.
형용사구 형용사구
세상에서 위대한 사람들의

[직독직해] 네가 어디로 가든지 내가 너와 함께 있어, 네 모든 원수를 네 앞에서 물리쳐 주었다. 이제 내가 네 이름을 세상에서 위대한 사람들의 이름 같이 만들어 주겠다.

[문법설명] 여기서 I는 여호와이시고, you는 다윗이다.

22:10 He is the one who will build a house for my Name.
S V C 형용사절 부사구
그가 성전을 건축할 사람이다. 내 이름을 위하여

He will be my son, and I will be his father. And
S V C S V C
그는 내 아들이 되고, 나는 그의 아버지가 될 것이다. 그리고

I will establish the throne of his kingdom
S V O 형용사구
나는 그의 왕권을 세워줄 것이다.

over Israel forever.'
부사구 부사
이스라엘에 영원히

[직독직해] 그가 내 이름을 위하여 성전을 건축할 사람이다. 그는 내 아들이 되고, 나는 그의 아버지가 될 것이다. 그리고 나는 이스라엘에 그의 왕권을 영원히 세워줄 것이다.

[문법설명] 여기서 He는 솔로몬이고, I는 여호와이시다.

[Words & Phrases] 정확한 발음은 전자사전을 참고하시기를 바랍니다.
· cut off : 물리치다, 잘라내다 · enemy : 적, 원수 · great : 위대한
· earth : 세상, 지구 · house : 성전, 집 · establish : 세우다, 확립하다
· build : 짓다 · throne : 왕권, 왕좌, 군주 · kingdom : 왕국, 나라
· forever : 영원히, 언제나

29:12 Wealth and honor come / from you; /
(T60) 웰-스 앤 아-너ㄹ 캄 후럼 유
you are the ruler / of all things. //
유 알 더 루-러ㄹ 오보- 띵-즈
In your hands / are strength and power /
인 유얼 핸-즈 알 스추랭-스 앤 파-워ㄹ
to exalt / and give strength / to all. //
투 익졸-ㅌ 앤 기-ㅂ 스추랭-스 투 오-

[개역개정] 부와 귀가 주께로 말미암고 또 주는 만물의 주재가 되사 손에 권세와 능력이 있사오니 모든 사람을 크게 하심과 강하게 하심이 주의 손에 있나이다

29:25 The LORD highly exalted Solomon / in
(T61) 더 로-ㄹㄷ 하-일리 익졸-팃 싸-로맨 인
the sight of all Israel / and bestowed
더 싸-이러 오 이-즈레오 앤 비스토-우ㄷ
on him / royal splendor / such as no
온 힘 로-이오 스프랜-도ㄹ 써-치 애즈 노
king over Israel / ever had before. //
킹 오우버ㄹ이-즈레오 에-버ㄹ 핻 비훠-ㄹ

[개역개정] 여호와께서 솔로몬을 모든 이스라엘의 목전에서 심히 크게 하시고 또 왕의 위엄을 그에게 주사 그전 이스라엘 모든 왕보다 뛰어나게 하셨더라

29:12 Wealth and honor come from you; you are the ruler
S V 부사구 S V C
부와 명예가 주로부터 나오고, 주는 통치자이십니다.
of all things. In your hands are strength and power
형용사구 부사구 V S
만물의 주의 손에 권세와 능력이 있으니
to exalt and give strength to all.
부정사1 부정사2 부사구
모든 사람을 높이 시고 강하게 하십니다.

[직독직해] 부와 명예가 주로부터 나오고, 주는 만물의 통치자입니다. 주의 손에 권세와 능력이 있으니 모든 사람을 높이시고 강하게 하십니다.

[문법설명] [In your hands] 부사구가 도치되어 주어와 동사의 어순이 바뀌었다. [to exalt] 는 부사적 용법에서 결과(~해서 ~하다)이다.

29:25 The LORD highly exalted Solomon in the sight
S 부사 V1 O 부사구
여호와께서 솔로몬을 앞에서 크게 높여주셨고,
of all Israel and bestowed on him royal splendor
형용사구 V2 부사구 O
모든 이스라엘 백성 왕의 장대함을 그에게 주셨습니다.
such as no king over Israel ever had before.
접속사 S 부사구 V
이스라엘 어느 왕도 그 전에 갖지 못했던 것 같은 그런

[직독직해] 여호와께서 솔로몬을 모든 이스라엘 백성 앞에서 크게 높여 주셨고, 이스라엘 어느 왕도 그 전에 갖지 못했던 것 같은 그런 왕의 장대함을 그에게 주셨습니다.

[문법설명] [such as ~]은 ~와 같은 그런, [on him]은 동사와 모적어 사이의 삽입구이다.

[Words & Phrases] 정확한 발음은 전자사전을 참고하시기를 바랍니다.
· wealth : 부, 재산 · honor : 명예, 존경 · ruler : 통치자, 자
· strength : 힘, 장점 · power : 힘, 능력 · exalt : 높이다, 찬양하다
· give strength : 강하게 하다 · highly : 매우, 크게, 높이 · bestow : 주다
· in the sight of :~ 앞에 · royal : 왕의, 황족의 · splendor : 장대함, 광채
· such as : ~와 같은

2 Chronicles(역대하 6절)

1:12 therefore / wisdom and knowledge / will be
(T62) 데어**휄**- **위**-즈덤 앤 **날**-레쥐 위어 비

given you. // And I will also give you wealth, /
기-븐 유 앤 아이위어 **올**-쏘 **기**-뷰 **웰**-스

riches and honor, / such as no king who was
뤼-치스 앤 **아**-너ㄹ **써**-치 애즈 **노** **킹** **후** 워즈

/ before you ever had and none after you
비**훨**- 유 **에**-버ㄹ **핸** 앤 **논** **애**-흐터ㄹ 유

will have." //
위어 **해**-ㅂ

[개역개정] 그러므로 내가 네게 지혜와 지식을 주고 부와 재물과 영광도 주리니 네 전의 왕들도 이런 일이 없었거니와 네 후에도 이런 일이 없으리라 하시니라

7:14 if my people, / who are called by my name, /
(T63) 이흐 마이 **피**-프 **후** 알 **코**-ㄷ 바이 마이 **네**-임

will humble themselves / and pray and seek
위어 **험**-브- 뎀**쎄**-어스 앤 프**레**-이 앤 **씩**

my face / and turn / from their wicked ways, /
마이 **훼**-이스 앤 **터**-ㄹㄴ 후럼 데-얼 **윜**-끼ㄷ **웨**-이즈

then will I hear / from heaven / and will
덴 위어아이**히**-어ㄹ 후럼 **헤**-븐 앤 위어

forgive their sin / and will heal their land. //
훠ㄹ**기**-ㅂ 데얼 **씬** 앤 위어 **히**-어 데얼 **랜**

[개역개정] 내 이름으로 일컫는 내 백성이 그들의 악한 길에서 떠나 스스로 낮추고 기도하여 내 얼굴을 찾으면 내가 하늘에서 듣고 그들의 죄를 사하고 그들의 땅을 고칠지라

2 Chronicles(역대하)

1:12 therefore wisdom and knowledge will be given you.
부사 S V O
그러므로 지혜와 지식이 네게 주어질 것이고,

And I will also give you wealth, riches and honor,
S V IO DO
내가 네게 부와 재물과 영광도 주겠으니,

such as no king who was before you ever had and
접속사 S 형용사절 V
네 전에 어느 왕도 이런 일이 없었고,

none after you will have."
S 부사구 V
네 후에도 어느 왕도 이런 일이 없을 것이다.

[직독직해] 그러므로 지혜와 지식이 네게 주어질 것이고, 내가 네게 부와 재물과 영광도 주겠으니, 네 전에 어느 왕도 이런 일이 없었고, 네 후에도 어느 왕도 이런 일이 없을 것이다.

[문법설명] I는 여호와이시고, you는 솔로몬. no는 문장 전체 부정

7:14 if my people, who are called by my name, will humble
S 형용사절 V1
내 이름으로 일컫는 내 백성이 자기들 자신을 낮추고,

themselves and pray and seek my face and turn from
O V2 V3 O V4
기도하고, 내 얼굴을 찾고, 떠나면,

their wicked ways, then will I hear from heaven
O S V1 부사구
그들의 악한 길을 나는 하늘에서 듣고,

and will forgive their sin and will heal their land.
V2 O V3 O
그들의 죄를 용서해주고, 그들의 땅을 치유해줄 것이다.

[직독직해] 내 이름으로 일컫는 내 백성이 자기들 자신을 낮추고, 기도하고, 내 얼굴을 찾고, 그들의 악한 길을 떠나면, 나는 하늘에서 듣고, 그들의 죄를 용서해주고, 그들의 땅을 치유해줄 것이다.

[문법설명] I는 여호와이시고, themselves는 이스라엘 백성이다.

[Words & Phrases] 정확한 발음은 전자사전을 참고하시기를 바랍니다.
· therefore : 그러므로 · wisdom : 지혜 · knowledge : 지식, 학식
· humble : 겸손한, 자신을 낮추다 · pray : 기도하다 · seek : 찾다
· wicked : 사악한 · forgive : 용서하다 · heal : 고치다, 치유하다

15:15 All Judah rejoiced / about the oath /
(T64) 오 **쥬**-다 뤼**죠**-이스ㅌ 어바웃 디 **오**-스

because they had sworn it / wholeheartedly.
비**코**-즈 데이 햳 스**워**- 닛 **호**-**하**-릿을리

// They sought God eagerly, / and he was
데이 **싸**-ㅌ **갇** **이**-걸리 앤 히 워즈

found / by them. // So the LORD gave them
화-운 바이 뎀 **쏘** 더 **로**-ㄹㄷ **게**-이ㅂ 뎀

rest / on every side. //
레-스ㅌ 온 **에**-브리 **싸**-이ㄷ

[개역개정] 온 유다가 이 맹세를 기뻐한지라 무리가 마음을 다하여 맹세하고 뜻을 다하여 여호와를 찾았으므로 여호와께서도 그들을 만나 주시고 그들의 사방에 평안을 주셨더라

26:5 He sought God / during the days of
(T65) 히 **싸**-ㅌ **갇** 듀-링 더 **데**-이좁

Zechariah, / who instructed him / in the
제크**라**-이아 **후** 인스트**락**-팃 힘 인 더

fear of God. // As long as / he sought
휘-어롭 **갇** 애즈 **롱** 애즈 히 **싸**-ㅌ

the LORD, / God gave him success. //
더 **로**-ㄹㄷ **갇** **게**-이ㅂ 힘 **썩**-쎄스

[개역개정] 하나님의 묵시를 밝히 아는 스가랴가 사는 날에 하나님을 찾았고 그가 여호와를 찾을 동안에는 하나님이 형통하게 하셨더라

15:15 All Judah rejoiced about the oath because
S V 부사구 접속사
온 유다가 그 맹세에 대해 기뻐했다. 때문에

they had sworn it wholeheartedly. They sought
S V O 부사 S V
그들이 마음을 다하여 맹세를 했기 그들은 찾아서

God eagerly, and he was found by them.
O 부사 S V 부사구
하나님을 정성을 다해 여호와는 그들을 찾았고,

So the LORD gave them rest on every side.
S V IO DO 부사구
사방으로 그들에게 평안을 주셨다.

[직독직해] 온 유다가 마음을 다하여 맹세를 했기 때문에 그들은 그 맹세에 대해 기뻐했다. 그들은 하나님을 정성을 다해 찾아서 주는 그들을 찾았고, 사방으로 그들에게 평안을 주셨다.

[문법설명] they는 유다족이다. it는 the oath이다.

26:5 He sought God during the days of Zechariah,
S V O 부사구
웃시아 왕은 스가랴가 사는 동안 하나님을 찾았고,

who instructed him in the fear of God. As long as
V O 부사구 접속사
스가랴는 웃시아왕에게 여호와를 경외하도록 가르쳤다. 동안

he sought the LORD, God gave him success.
S V O S V IO DO
웃시아왕이 하나님을 찾는 하나님께서 그를 성공하게 하셨습니다.

[직독직해] 웃시아 왕은 스가랴가 사는 동안 하나님을 찾았고, 스가랴는 웃시아왕에게 여호와를 경외하도록 가르쳤다. 웃시아왕이 하나님을 찾는 동안 하나님께서 그를 성공하게 하셨습니다.

[문법설명] He는 유다의 웃시아왕이다. 스가랴(Zechariah)는 예언자 who(and he)의 선행사는 스가랴이고, 계속적 용법이다.

[Words & Phrases] 정확한 발음은 전자사전을 참고하시기를 바랍니다.
· rejoice : 기뻐하다, 즐겁게 하다 · oath : 맹세 · eagerly : 정성껏
· swear-swore-sworn : 맹세하다 · wholeheartedly : 정성을 다 하여
· seek-sought-sought : 찾다 · rest : 휴식, 쉬다 · instruct : 가르치다
· on every side : 사방에서 · fear : 경외, 두려움, 두려워하다
· as long as : ~하는 동안, ~하는 한 · success : 성공

32:7 "Be strong and courageous. // Do not
(T66) 비 스츠롱- 앤 커레-이져스 두 낫
be afraid or discouraged / because of
비 어흐레-이ㄷ오 디스 커레-이지ㄷ 비코-죠ㅂ
the king of Assyria / and the vast army /
더 킹 옵 아씨-리아 앤더 배-스ㅌ아-ㄹ미
with him, / for there is a greater power /
윗 힘 훨 데어리저 그레-이러ㄹ 파-워ㄹ
with us / than with him. //
위다스 댄 윗 힘

[개역개정] 너희는 마음을 강하게 하며 담대히 하고 앗수르 왕과 그를 따르는 온 무리로 말미암아 두려워하지 말며 놀라지 말라 우리와 함께 하시는 이가 그와 함께 하는 자보다 크니

35:6 Slaughter the Passover lambs, / consecrate
(T67) 슬라-러ㄹ 더 패-스오버ㄹ 램-스 컨-씨크레잇
yourselves / and prepare the lambs / for
유어쎄-업스 앤 프리페-어ㄹ 더 램-스 훨
your fellow countrymen, / doing what the
유얼 훼-로우 칸-추리멘 두-잉 윗 더
LORD commanded / through Moses." //
로-ㄹㄷ 컴맨-딧 드루- 모-우제스

[개역개정] 스스로 성결하게 하고 유월절 어린 양을 잡아 너희 형제들을 위하여 준비하되 여호와께서 모세를 통하여 전하신 말씀을 따라 행할지니라

32:7 "Be strong and courageous. Do not be afraid or
V C V
마음을 강하게 하며 담대히 하라. 두려워하거나 용기를 잃지 말라.

discouraged because of the king of Assyria and
V 부사구1
앗수르왕 때문에

the vast army with him, for there is a greater power
부사구2 V S
그를 따르는 대군 때문에 힘이 더 크기 때문이다.

with us than with him.
부사구
앗수르왕보다 우리와 함께 하시는

[직독직해] 마음을 강하게 하며 담대히 하라. 앗수르왕과 그를 따르는 대군 때문에 두려워하거나 용기를 잃지 말라. 앗수르왕보다 우리와 함께 하시는 힘이 더 크기 때문이다.

[문법설명] [(be) discouraged]에서 (be)동사가 생략되었고,
[because of]뒤에 부사구 2개가 뒤따른다.

35:6 Slaughter the Passover lambs, consecrate yourselves
V O V O
유월절 어린 양을 잡아 너희 스스로 정결하게 하라.

and prepare the lambs for your fellow countrymen,
V O 부사구
또 형제들을 위하여 어린 양을 준비하라.

doing what the LORD commanded through Moses."
분사구문 관계사 S V 부사구
그리고 여호와께서 명령하신 말씀을 행하라. 모세를 통하여

[직독직해] 유월절 어린 양을 잡아 너희 스스로 정결하게 하라. 또 형제들을 위하여 어린 양을 준비하라. 그리고 여호와께서 모세를 통하여 명령하신 말씀을 행하라.

[문법설명] doing(and do)은 분사구문에서 계속의 용법이다.
they는 your fellow countrymen이다. 이스라엘 백성이다.

[Words & Phrases] 정확한 발음은 전자사전을 참고하시기를 바랍니다.
· courageous : 용기를 가진 · discourage : 의기소침하다, 용기를 잃다
· be afraid : 두려워하다 · vast : 광대한, 큰 · slaughter : 도살하다, 도살
· passover lamb : 유월절 어린 양 · consecrate : 정화하다, 신성하게 하다
· prepare : 준비하다 · fellow : 동료의, 동료 · countryman : 동포, 국민
· command : 명령하다, 명령 · through : ~을 통하여

Ezra(에스라 1절)

9:6 and prayed: / "O my God, / I am too
(T68) 앤 프레-이ㄷ 오 마이 갇 아이 앰 투

ashamed / and disgraced / to lift up my
어쉐-임ㄷ 앤 디스그레-이스ㅌ 투 리-ㅎ탑 마이

face / to you, / my God, / because our
훼-이스 투 유 마이 갇 비코-즈 아월

sins are higher / than our heads / and
씬-즈 알 하-이어ㄹ 댄 아월 헤-즈 앤

our guilt has reached / to the heavens. //
아월 기-어ㅌ 해즈 릐-치ㄷ 투 더 헤-븐스

[개역개정] 말하기를 나의 하나님이여 내가 부끄럽고 낯이 뜨거워서 감히 나의 하나님을 향하여 얼굴을 들지 못하오니 이는 우리 죄악이 많아 정수리에 넘치고 우리 허물이 커서 하늘에 미침이니이다

Nehemiah(느헤미야 1절)

1:5 Then I said: / "O LORD, God of heaven, /
(T69) 덴 아이 쌘 오 로-ㄹㄷ 갇 옵 헤-븐

the great and awesome God, / who keeps
더 그레-잇 앤 오-썸 갇 후 킵-스

his covenant of love / with those who love
히즈 코-비넨ㅌ 옵 러-ㅂ 윋 도-즈 후 러-ㅂ

him / and obey his commands, /
힘 앤 오베-이 히즈 코맨-즈

[개역개정] 이르되 하늘의 하나님 여호와 크고 두려우신 하나님이여 주를 사랑하고 주의 계명을 지키는 자에게 언약을 지키시며 긍휼을 베푸시는 주여 간구하나이다

Ezra(에스라)

9:6 and prayed: "O my God, I am [too] ashamed and
V 호칭 S V C1
기도하기를 "나의 하나님이시여, 내가 부끄럽고

disgraced [to] lift up my face to you, my God,
C2 부정사 O 부사구 동격
낯이 뜨거워서 나의 하나님을 향하여 얼굴을 들지 못하겠습니다.

because our sins are higher than our heads and
접속사 S V C 부사구
우리 죄악이 키를 넘어서

our guilt has reached to the heavens.
S V 부사구
우리 허물이 하늘에 닿았습니다.

[직독직해] 기도하기를 "나의 하나님이시여, 내가 부끄럽고 낯이 뜨거워서 나의 하나님을 향하여 얼굴을 들지 못하겠습니다. 우리 죄악이 키를 넘어서 우리 허물이 하늘에 닿았습니다.

[문법설명] I는 에스라이다. [too ~ to] : 너무 ~해서 ~하다.

Nehemiah(느헤미야)

1:5 Then I said: "O LORD, God of heaven,
S V 호칭 동격
그리고 나는 기도를 했습니다. 하늘의 하나님, 여호와여,

the great and awesome God,
동격
크고 두려우신 하나님이여,

who keeps his covenant of love with those
S V O 부사구
하나님은 사랑의 언약을 지키십니다. 자에게

[who love him and obey his commands,]
V O
주를 사랑하고 주의 계명을 지키는

[직독직해] 그리고 나는 기도를 했습니다. "하늘의 하나님, 여호와여, 크고 두려우신 하나님이여, 하나님은 주를 사랑하고 주의 계명을 지키는 자에게 사랑의 언약을 지키십니다.

[문법설명] who(=and God)은 계속적 용법이고, [who]는 제한적 용법이다. I는 느헤미야이다.

[Words & Phrases] 정확한 발음은 전자사전을 참고하시기를 바랍니다.
· be ashamed : 부끄럽다 · be disgraced : 수치스럽다 · lift up : 쳐들다
· be higher than our heads : 우리키보다 더 높다 · guilt : 죄(sin)
· reach : 닿다, 뻗치다 · heaven : 하늘 · awesome : 두려운, 무서운
· covenant : 언약, 계약 · obey : 복종하다 · command : 명령, 명령하다

Esther(에스더 1절)

9:22 as the time / when the Jews got relief /
(T70) 애즈 더 **타**-임 **웬** 더 **쥬**-스 **갓** 뤼**리**-흐

from their enemies, / and as the month /
후롬 데어ㄹ **에**-너미스 앤 애즈 더 **먼**-스

when their sorrow was turned / into joy /
웬 데어ㄹ **싸**-로우 워즈 **터**-ㄴ드 인투 **죠**-이

and their mourning / into a day / of
앤 데어ㄹ **머**-ㄹ닝 인투 어 **데**-이 옵

celebration. // He wrote them / to observe
쎌리브**레**-이션 히 **로**-웃 뎀 투 옵**저**-ㄹㅂ

the days / as days of feasting and joy /
더 **데**-이즈 애즈 **데**-이접 **휘**-스띵 앤 **죠**-이

and giving presents of food to one
앤 **기**-빙 프**레**-젠츠 옵 **후**-ㄷ 투 **원**

another / and gifts / to the poor. //
어**나**-더ㄹ 앤 **기**-흐츠 투 더 **포**-어ㄹ

[개역개정] 이 달 이 날에 유다인들이 대적에게서 벗어나서 평안함을 얻어 슬픔이 변하여 기쁨이 되고 애통이 변하여 길한 날이 되었으니 이 두 날을 지켜 잔치를 베풀고 즐기며 서로 예물을 주며 가난한 자를 구제하라 하매

Esther(에스더)

9:22 as the time when the Jews got relief

선행사 관계사 S V O

유대인들이 벗어난 때이므로,

from their enemies, and as the month

부사구 선행사

적들로부터 달이므로,

when their sorrow was turned into joy and

관계사 S V 부사구

그들의 슬픔이 기쁨으로 바뀌고

their mourning into a day of celebration.

S 부사구

그들의 애통이 축제의 날로 바뀐

He wrote them to observe the days

S V IO DO O'

그는 그들에게 그날을 지키도록 하였습니다.

as days of feasting and joy and giving presents

부사구 O'1 O'2

날로 잔치와 기쁨 음식을 나누어 먹는

of food to one another and gifts to the poor.

부사구 O'3 부사구

서로에게 가난한 사람에게 예물을 주는

[직독직해] 유대인들이 적들로부터 벗어난 때이므로, 또 그들의 슬픔이 기쁨으로 바뀌고, 그들의 애통이 축제의 날로 바뀌는 달이므로, 그 날을 잔치와 기쁨의 날로 서로 음식을 나누어 먹고, 가난한 사람에게 예물을 주는 날로 그는 그들에게 그날을 지키도록 하였습니다.

[문법설명] as가 이끄는 부사구가 3개가 있다. when은 관계부사로 선행사가 the time과 the month가 있고, [their mourning (was turned) into a day of celebration]에서 (was turned)가 생략되었다. giving앞에 of가 생략되었다.

[Words & Phrases] 정확한 발음은 전자사전을 참고하시기를 바랍니다.

· Jew : 유다, 유대인 · get relief : 벗어나다 · enemy : 적 · sorrow : 슬픔
· joy : 기쁨 · mourning : 애통, 비탄, 상 · celebration : 축제, 축하, 찬양
· observe : 지키다, 준수하다 · feast : 잔치, 축제, 축연 · gift : 선물
· present : 선물, 선물하다 · one another : 서로 서로 · wrote : 했다
· the poor : 가난한 사람들(the + 형용사=복수 명사)

Job(욥기 7절)

8:5 But if you will look to God / and
(T71) 밧 이휴 위어 **룩** 투 **갇** 앤

plead / with the Almighty, /
플**리**-ㄷ 윋 더 오**마**-이리

[개역개정] 네가 만일 하나님을 찾으며 전능하신 이에게 간구하고

8:6 if you are pure and upright, / even now
(T72) 이휴 알 **퓨**-어ㄹ 앤 **옵**-롸잇 **이**-븐 **나**-우

he will rouse himself / on your behalf /
히 위어 **롸**-우즈 힘**쎄**-업 온 유얼 비**해**-흐

and restore you / to your rightful place. //
앤 뤼스**또**-아ㄹ 유 투 유얼 **롸**-잇훌 플**레**-이스

[개역개정] 또 청결하고 정직하면 반드시 너를 돌보시고 네 의로운 처소를 평안하게 하실 것이라

12:12 Is not wisdom found / among the aged?
(T73) 이즈 **낫** **위**-즈덤 **화**-운 어몽 디 **에**-이즈ㄷ

Does not long life / bring understanding?
더즈 **낫** **롱** **라**-이흐 브**링** 언더ㄹ스**땐**-딩

[개역개정] 늙은 자에게는 지혜가 있고 장수하는 자에게는 명철이 있느니라

12:13 "To God / belong wisdom and power; /
(T74) 투 **갇** 버**롱**- **위**-즈덤 앤 **파**-워ㄹ

counsel and understanding are his. //
캔-써 앤 언더ㄹ스**땐**-딩 알 히즈

[개역개정] 지혜와 권능이 하나님께 있고 계략과 명철도 그에게 속하였나니

Job(욥기)

8:5 But if you will look to God and
S V1 O
그러나 만일 네가 하나님을 의지하고

plead with the Almighty,
V2 부사구
전능하신 이에게 간구하면

[직독직해] 그러나 만일 네가 하나님을 의지하고 전능하신 이에게 간구하면

8:6 if you are pure and upright, even now
S V C 부사
만일 네가 깨끗하고 정직하다면, 반드시

he will rouse himself on your behalf and
S V1 부사구
주께서 너를 위하여 떨치고 일어나셔서

restore you to your rightful place.
V2 O 부사구
너를 네 의로운 자리로 돌려주실 것이다.

[직독직해] 만일 네가 깨끗하고 정직하다면, 반드시 주께서 너를 위하여
떨치고 일어나셔서 너를 네 의로운 자리로 돌려주실 것이다.

12:12 Is not wisdom found among the aged?
V S P.P 부사구
나이든 사람에게는 지혜가 있지 않느냐?

Does not long life bring understanding?
S V O
장수하는 사람에게는 깨달음이 있지 않느냐?

[직독직해] 나이든 사람에게는 지혜가 있지 않느냐?
장수하는 사람에게는 깨달음이 있지 않느냐?

12:13 "To God belong wisdom and power;
부사구 V S
지혜와 권능이 하나님께 있고,

counsel and understanding are his.
S V C
계략과 명철도 그분의 것이다.

[직독직해] 지혜와 권능이 하나님께 있고, 계략과 깨달음도 그분의 것이다.

[Words & Phrases] 정확한 발음은 전자사전을 참고하시기를 바랍니다.
· look to : 의지하다 · plead : 간구하다 · pure : 깨끗한 · upright : 옳은
· even now : 반드시 · rouse himself : 일어서다 · restore : 돌려주다
· on your behalf : 너를 위하여 · rightful : 의로운 · the aged : 나이든 자
· belong : 속하다 · counsel : 계략, 조언, 의논 · understanding : 깨달음

20:5 that the mirth of the wicked is brief, /
(T75) 댓 더 **머**-ㄹ스 옵 더 **윅**-낏ㄷ 이즈브**뢰**-ㅎ
the joy of the godless lasts / but a
더 **조**-이 옵 더 **가**-ㄷ레스 **라**-스츠 바러
moment.
모-멘

[개역개정] 악인이 이긴다는 자랑도 잠시요 경건하지 못한 자의 즐거움도 잠깐이니라

23:10 But he knows the way / that I take; /
(T76) 밧 히 **노**-우즈 더 **웨**-이 대라이 **테**-익
when he has tested me, / I will come
웬 히 해즈 **테**-스팃 미 아이위어 **캄**
forth / as gold. //
훠-ㄹ스 애즈 **고**-ㄹㄷ

[개역개정] 그러나 내가 가는 길을 그가 아시나니 그가 나를 단련하신 후에는 내가 순금 같이 되어 나오리라

33:26 He prays to God / and finds favor /
(T77) 히 프**레**-이즈 투 **갇** 앤 **화**-인즈 **훼**-이보ㄹ
with him, / he sees God's face /
윋 힘 히 **씨**-즈 **가**-즈 **훼**-이스
and shouts for joy; / he is restored /
앤 **샤**-웃츠 훨 **조**-이 히 이즈 뤼스**또**-ㄹㄷ
by God / to his righteous state. //
바이 **갇** 투 히즈 **롸**-이쳐스 스**떼**-잇

[개역개정] 그는 하나님께 기도하므로 하나님이 은혜를 베푸사 그로 말미암아 기뻐 외치며 하나님의 얼굴을 보게 하시고 사람에게 그의 공의를 회복시키시느니라

20:5 that the mirth of the wicked is brief,
S V C
악인의 환희는 잠시이고,

the joy of the godless lasts but a moment.
S V O
경건하지 못한 자의 기쁨은 순간만 지속된다.

[직독직해] 악인의 환희는 잠시이고, 경건하지 못한 자의 기쁨은 순간만 지속된다.

[문법설명] but은 only의 뜻이다.

23:10 But he knows the way that I take;
S V O 형용사절
그러나 내가 가는 길을 그분이 아십니다.

when he has tested me, I will come forth as gold.
접속사 S V O S V 부사구
그분이 나를 시험해 보시면 나는 순금 같이 되어 나올 것입니다.

[직독직해] 그러나 내가 가는 길을 그분이 아십니다. 그분이 나를 시험해 보시면 나는 순금 같이 되어 나올 것입니다.

[문법설명] [come forth as gold]은 순금으로 되어 나오다.

33:26 He prays to God and finds favor with him,
S V1 부사구 V2 O 부사구
그가 하나님께 기도하면, 그는 하나님의 은혜를 받으며,

he sees God's face and shouts for joy;
S V1 O V2 부사구
그는 하나님의 얼굴을 보고 기뻐 소리치며,

he is restored by God to his righteous state.
S V 부사구 부사구
그는 하나님에 의해 의로운 상태로 회복됩니다.

[직독직해] 그가 하나님께 기도하면, 그는 하나님의 은혜를 받을 것이며, 그는 하나님의 얼굴을 보고 기뻐 소리치며, 그는 하나님에 의해 의로운 상태로 회복됩니다.

[문법설명] find favor with him : 그의 은혜를 받다. He는 엘리후가 말하는 어떤 사람이고, [with him]에서 him은 하나님이다

[Words & Phrases] 정확한 발음은 전자사전을 참고하시기를 바랍니다.
· mirth : 환희, 명랑 · the wicked : 악인들 · brief : 짧은, 간결한
· godless : 불경한 · last : 지속되다, 마지막 but a moment : 순간만
· test : 시험하다 · come forth : 나오다, 되다 · pray : 기도하다
· find favor with him : 그의 은혜를 받다 · shout : 소리치다 · joy : 기쁨
· be restored : 회복되다 · righteous : 의로운, 옳은 · state : 상태, 지위

Psalms(시편 33절)

1-1 Blessed is the man / who does not walk /
(T78) 블레-스트 이즈 더 맨 후 더즈 낫 웍
in the counsel of the wicked / or stand /
인 더 카-운써 옵 더 위-낏 오아 스땐-
in the way of sinners / or sit / in the seat
인 더 웨-이 옵 씨-널스 오아 쎗 인 더 씻
of mockers. //
옵 마-껄스

[개역개정] 복 있는 사람은 악인들의 꾀를 따르지 아니하며 죄인들의 길에 서지 아니하며 오만한 자들의 자리에 앉지 아니하고

1-2 But his delight is / in the law of the LORD, /
(T79) 밧 히즈 딜라-잇 이즈 인 더 로- 옵 더 로-ㄹㄷ
and on his law / he meditates / day and
앤 온 히즈 로- 히 메-디테-이츠 데-이 앤
night. //
나-잇

[개역개정] 오직 여호와의 율법을 즐거워하여 그의 율법을 주야로 묵상하는도다

Psalms(시편)

1-1 Blessed is the man [who does not walk
C V S [V1]
자는 복이 있다. 걷지 아니하며,

in the counsel of the wicked or stand
[부사구] [V2]
악인들의 계략에 따라 서지 아니하며,

in the way of sinners or sit
[부사구] [V3]
죄인들의 길에 앉지 아니하는

in the seat of mockers.]
[부사구]
교만한 자들의 자리에

[직독직해] 악인들의 계략에 따라 걷지 아니하며, 죄인들의 길에 서지 아니하며, 교만한 자들의 자리에 앉지 아니하는 자는 복이 있다.

[문법설명] [ ]안의 관계대명사 형용사절이 너무 길어서 보어가 도치되었다.
who의 선행사는 the man이다.
[(does not) stand, (does not) sit]에서 [stand, sit]앞에 (does not)이 생략되었다.

1-2 But his delight is in the law of the LORD, and
S V 부사구
오직 그의 즐거움은 여호와의 율법 안에 있고,

on his law he meditates day and night.
O S V 부사구
그는 여호와의 율법을 주야로 묵상한다.

[직독직해] 오직 그의 즐거움은 여호와의 율법 안에 있고, 그는 여호와의 율법을 주야로 묵상한다.

[문법설명] [his delight]에서 his는 man이고, [his law]에서 his는 여호와이다. [meditate on] : ~을 묵상하다 his law은 목적어이다.

[Words & Phrases] 정확한 발음은 전자사전을 참고하시기를 바랍니다.
· counsel : 꼬임, 조언, 계략 · walk : 걷다, 행보 · the wicked : 악인들
· sinner : 죄인 · seat : 자리 · mocker : 교만한 자, 조롱하는 자
· delight : 즐거움, 즐겁게 하다 · law : 율법, 법 · day and night : 밤낮
· meditate on : ~을 묵상하다

1-3 He is like a tree / planted / by streams of
(T80) 히 이즈 **라**-이꺼 추**리**- 플**랜**- 팃 바이 스추**림**-쏩
water, / which yields its fruit / in season /
워-러ㄹ 위치 이**얼**-즈 잇쯔후**루**-ㅌ 인 **씨**-즌
and whose leaf / does not wither. //
앤 후즈 **리**-흐 더즈 **낫** **위**-더ㄹ
Whatever he does / prospers. //
웟**에**-버ㄹ 히 더즈 프**라**-스펄스

[개역개정] 그는 시냇가에 심은 나무가 철을 따라 열매를 맺으며 그 잎사귀가 마르지 아니함 같으니 그가 하는 모든 일이 다 형통하리로다

1-4 Not so the wicked! // They are like chaff /
(T81) **낫** **쏘** 더 **윅**-낏 데-이 알 라익 **췌**-흐
that the wind / blows away. //
댓 더 **윈** 불**러**-우써 **웨**-이

[개역개정] 악인들은 그렇지 아니함이여 오직 바람에 나는 겨와 같도다

1-3 He is like a tree planted by streams of water,
S V C 과거분사 부사구
그는 시냇가에 심은 나무와 같다.

which yields its fruit in season and whose leaf
관계대명사 V O 부사구 S
그 나무는 철을 따라 열매를 맺으며 그 잎사귀가

does not wither. Whatever he does prospers.
V S 형용사절 V
마르지 않는다. 그가 하는 모든 일이 잘 된다.

[직독직해] 그는 시냇가에 심은 나무와 같다. 그 나무는 철을 따라 열매를 맺으며 그 잎사귀가 마르지 않는다. 그가 하는 모든 일이 잘 된다.

[문법설명] planted는 과거분사로 tree를 수식한다. which(and it)는 관계대명사의 계속적 용법이다. whose : 나무의, whatever는 복합관계대명사로 주어로 쓰였다.

1-4 Not so the wicked! They are like chaff
부사구 S S V C
악인들은 그렇지 않다. 그들은 겨와 같다.

[that the wind blows away.]
[S] [V]
바람에 나는

[직독직해] 악인들은 그렇지 않다. 그들은 바람에 나는 겨와 같다.

[문법설명] [Not so]는 1-3절의 내용과는 다르다는 뜻이다. 형용사절로 chaff를 수식한다. that은 관계대명사의 목적어이다.

[Words & Phrases] 정확한 발음은 전자사전을 참고하시기를 바랍니다.

· planted : 심어진 · stream : 시냇물 · yield : (열매를) 맺다 · fruit : 열매
· wither : 시들다 · leaf : 나무 잎 · prosper : 번성하다
· chaff : 겨, 여물 · blow away : 날려버리다, 날아가다

1-5 Therefore / the wicked will not stand /
(T82) **데**-얼훠ㄹ 더 **윅**-낏 위어 **낫** 스**땐**-

in the judgment, / nor sinners /
인 더 **자**-지멘 노아 **씨**-널스

in the assembly / of the righteous. //
인 디 어**쎔**-블리 옵 더 **롸**-이쳐스

[개역개정] 그러므로 악인들은 심판을 견디지 못하며 죄인들이 의인들의 모임에 들지 못하리로다

1-6 For the LORD / watches over the way of
(T83) 훨 더 **로**-ㄹㄷ **왓**-취스 **오**-우벌 더 **웨**-이옵

the righteous, / but the way of the wicked /
더 **롸**-이쳐스 **밧** 더 **웨**-이옵 더 **윅**-낏

will perish. //
위어 **페**-뤼쉬

[개역개정] 무릇 의인들의 길은 여호와께서 인정하시나 악인들의 길은 망하리로다

1-5 Therefore the wicked will not stand in the judgment,

부사 S V 부사구

그러므로 악인들은 견디지 못할 것이며 심판을 받을 때

nor sinners in the assembly of the righteous.

S 부사구

죄인들이 의인들의 모임에도 서지 못할 것이다.

[직독직해] 그러므로 악인들은 심판을 받을 때 견디지 못할 것이며
죄인들이 의인들의 모임에도 서지 못할 것이다.

[문법설명] [nor sinners]=>[sinners will not stand]
[in the judgement] : 신판 받을 때 in은 [~할 때]로 해석한다

1-6 For the LORD watches over the way of the righteous,

S V O

무릇 여호와께서 의로운 사람들의 길을 보살펴 주시지만

but the way of the wicked will perish.

S V

악인들의 길은 망할 것이다.

[직독직해] 무릇 여호와께서 의로운 사람들의 길을 보살펴 주시지만
악인들의 길은 망할 것이다.

[문법설명] [the + 형용사] : 복수명사 the righteous : 의로운 사람들

[Words & Phrases] 정확한 발음은 전자사전을 참고하시기 바랍니다.

· wicked : 악한 · like : ~와 같은 · chaff : 겨, 찌거기
· blow away : 날려버리다 · therefore : 그런고로 · judgement : 심판
· assembly : 모임, 집회 · watch over : 지켜보다
· perish : 멸망하다, 죽다

18:2 The LORD is my rock, / my fortress and
(T84) 더 **로**-ㄹㄷ 이즈 마이 **롹** 마이 **훨**-추레스 앤

my deliverer; / my God is my rock, / in
마이 딜**리**-버러 마이 **갇** 이즈 마이 **롹** 인

whom / I take refuge. He is my shield /
훔 아이**테**-익 **레**-휴지 히 이즈 마이 **쉬**-얼ㄷ

and the horn of my salvation, / my
앤 더 **혼** 옵 마이 **쎌**-베**이**-션 마이

stronghold. //
스추**롱**-홀ㄷ

[개역개정] 여호와는 나의 반석이시요 나의 요새시요 나를 건지시는 이시요 나의 하나님이시요 내가 그 안에 피할 나의 바위시요 나의 방패시요 나의 구원의 뿔이시요 나의 산성이시로다

18:6 In my distress / I called to the LORD; /
(T85) 인 마이 디스추**레**-스 아이 **콜**-드 투 더 **로**-ㄹㄷ

I cried / to my God / for help. // From his
아이크**롸**-이ㄷ 투 마이 **갇** 훨 **헤**-업 후럼 히즈

temple / he heard my voice; / my cry came /
템-프 히 **헐**-ㄷ 마이 **보**-이스 마이크**롸**-이 **케**-임

before him, / into his ears.
비**훠**- 림 인투 히즈 **이**-어ㄹ스

[개역개정] 내가 환난 중에서 여호와께 아뢰며 나의 하나님께 부르짖었더니 그가 그의 성전에서 내 소리를 들으심이여 그의 앞에서 나의 부르짖음이 그의 귀에 들렸도다

18:2 The LORD is my rock, my fortress and
S V C1 C2
여호와는 나의 반석이시고, 나의 요새이시고,

my deliverer; my God is my rock,
C3 S V C
나의 구원이십니다. 나의 하나님은 반석이십니다.

in whom I take refuge. He is my shield and
부사절 S V C1
하나님 안에서 나는 피합니다. 하나님은 나의 방패이시고,

the horn of my salvation, my stronghold.
C2 C3
나의 구원의 뿔이시고, 나의 산성이십니다.

[직독직해] 여호와는 나의 반석이시고, 나의 요새이시고, 나의 구원이십니다. 나의 하나님은 나의 반석입니다. 하나님 안에서 내가 피합니다. 하나님은 나의 방패이시고, 나의 구원의 뿔이시고, 나의 산성입니다.

[문법설명] [in whom]=>[in my God]에서 whom은 전치사 in의 목적어로 관계대명사 목적어이다. 각 문장마다 보어(c)를 3개씩 거느린다. horn은 권세, 힘 즉 하나님을 뜻한다.

18:6 In my distress I called to the LORD; I cried
부사구 S V 부사구 S V
고통가운데 내가 여호와께 부르짖고, 나는 소리쳤습니다.

to my God for help. From his temple he heard
부사구 부사구 부사구 S V
내 하나님께 도와달라고 그의 성전에서 하나님께서 그는 들으시고,

my voice; my cry came before him, into his ears.
O S V 부사구 부사구
내 음성을 나의 부르짖음이 그의 앞에서 그의 귀에 다다랐습니다.

[직독직해] 고통가운데 내가 여호와께 부르짖고, 나는 내 하나님께 도와달라고 소리쳤습니다. 그의 성전에서 하나님께서 내 음성을 들으시고, 그의 앞에서 나의 부르짖음이 그의 귀에 다다랐습니다.

[문법설명] he는 여호와이다. I는 다윗 왕이다.

[Words & Phrases] 정확한 발음은 전자사전을 참고하시기를 바랍니다.
· rock : 바위 · fortress : 성채, 요새 · deliverer : 구원, 구원하다, 배달하다
· take refuge : 피하다 · refuge 피난처 · shield : 방패 · horn : 뿔
· salvation : 구원, 구조 · stronghold : 요새, 성채 · distress : 고통, 가난
· temple : 성전, 사원 · voice : 목소리, 음성 · cry : 소리치다

23:1 The LORD is my shepherd, / I shall not be /
(T86) 더 **로**-ㄹㄷ 이즈 마이 **쉐**-퍼ㄹㄷ 아이 쉐어 **낫** 비

in want. //
인 **원**

[개역개정] 여호와는 나의 목자시니 내게 부족함이 없으리로다

23:2 He makes me / lie down / in green
(T87) 히 **메**-익스 미 라이 **다**-운 인 그**린**-

pastures, / he leads me / beside quiet
패-스춰-ㄹ스 히 **리**-즈 미 비**싸**-이ㄷ **콰**-이엇

waters, /
워-러ㄹ스

[개역개정] 그가 나를 푸른 풀밭에 누이시며 쉴 만한 물 가로 인도하시는도다

23:3 he restores my soul. / He guides me / in
(T88) 히 뤼스**또**-ㄹ스 마이 **쏘**-우 히 **가**-이즈 미 인

paths of righteousness / for his name's
패-스 옵 **롸**-이쳐스네스 훨 히즈 **네**-임즈

sake. //
쌔-익

[개역개정] 내 영혼을 소생시키시고 자기 이름을 위하여 의의 길로 인도하시는도다

23:1 The LORD is my shepherd, I shall not be in want.
S V C S V 부사구
여호와는 나의 목자시니, 나는 부족함이 없습니다.

[직독직해] 여호와는 나의 목자시니, 나는 부족함이 없습니다.
[문법설명] [in want] : 부족한

23:2 He makes me lie down in green pastures,
S V O OC 부사구
여호와께서 나를 푸른 풀밭에 누이시며

he leads me beside quiet waters,
S V O 부사구
잔잔한 물 가로 인도하십니다.

[직독직해] 여호와께서 나를 푸른 풀밭에 누이시며 잔잔한 물가로 인도하십니다.
[문법설명] lie은 5형식에서 원형부정사로 목적격 보어로 쓰였다.

23:3 he restores my soul. He guides me
S V O S V O
그는 내 영혼을 소생시키시고, 그는 나를 인도하십니다.

in paths of righteousness for his name's sake.
부사구 부사구
의로움의 길로 자기 이름을 위하여

[직독직해] 그는 내 영혼을 소생시키시고, 자기 이름을 위하여 의로움의 길로 인도하십니다.
[문법설명] He는 여호와이시다. me는 다윗이다.

[Words & Phrases] 정확한 발음은 전자사전을 참고하시기를 바랍니다.
· shepherd : 목동 · in want (of) : 부족하여 · lie down : 눕다
· green pasture : 푸른 풀밭 · lead : 인도하다 · restore : 소생시키다
· beside quiet waters : 잔잔한 물가 · soul : 영혼 · in path : 길로
· guide : 안내하다, 안내 · righteousness : 의로움 · sake : 목적

23:4 Even though / I walk / through the valley /
(T89) **이**-븐 **도**-우 아이 **웍** 두**루**- 더 **밸**-리

of the shadow of death, / I will fear no
옵 더 **새**-도우 옵 **데**-스 아이위어 **휘**-얼 **노**

evil, / for you are / with me; / your rod /
이-브 훨 유 알 윋 미 유얼 **롹**

and your staff, / they comfort me. //
앤 유얼 스**때**-흐 데이 **컴**-훨ㅌ 미

[개역개정] 내가 사망의 음침한 골짜기로 다닐지라도 해를 두려워하지 않을 것은 주께서 나와 함께 하심이라 주의 지팡이와 막대기가 나를 안위하시나이다

23:5 You prepare a table / before me / in the
(T90) 유 프레**페**-어러 **테**-이브 비**훠**ㄹ- 미 인 더

presence / of my enemies. // You anoint
프**레**-즌스 옵 마이 **에**-니미스 유 어**노**-인

my head / with oil; / my cup overflows. //
마이 **헫** 윋 **오**-이어 마이 **컵** **오**-우벌후로우스

[개역개정] 주께서 내 원수의 목전에서 내게 상을 차려 주시고 기름을 내 머리에 부으셨으니 내 잔이 넘치나이다

23:4 Even though I walk through the valley
접속사 S V 부사구
내가 골짜기로 다닐지라도

of the shadow of death, I will fear no evil,
형용사구 S V O
사망의 음침한 나는 악을 두려워하지 않습니다.

for you are with me; your rod and your staff,
S V 부사구 동격
주께서 나와 같이 하시기 때문입니다. 주의 지팡이와 막대기가

they comfort me.
S V O
나를 위로하십니다.

[직독직해] 내가 사망의 음침한 골짜기로 다닐지라도 나는 악을 두려워하지 않습니다. 주께서 나와 같이 하시기 때문입니다. 주의 지팡이와 막대기가 나를 위로하십니다.

[문법설명] they는 [your rod and your staff]를 가리킨다.

23:5 You prepare a table before me in the presence
S V O 부사구 부사구
주께서 상을 차려 주고, 내 앞 목전에서

of my enemies. You anoint my head with oil;
형용사구 S V O 부사구
내 원수의 주께서 기름을 내 머리에 부으셨으니

my cup overflows.
S V
내 잔이 넘칩니다.

[직독직해] 주께서 내 원수의 목전에서 내 앞에 상을 차려 주고, 기름을 내 머리에 부으셨으니 내 잔이 넘칩니다.

[Words & Phrases] 정확한 발음은 전자사전을 참고하시기를 바랍니다.

- even though : ~일지라도 · through the valley : 골자기를 지나
- of the shadow of death : 사망의 음침한 · rod : 지팡이
- fear no evil : 악을 두려워하지 않는다. · staff : 막대기, 참모
- comfort : 안심시키다, 위로하다 · prepare : 준비하다 · anoint : 기름붓다
- in the presence of : 목전에서 · enemy : 적 · overflow : 넘쳐흐르다

23:6 Surely goodness and love / will follow me /
(T91) **슈**-얼리 **굳**-네스 앤 **러**-ㅂ 위어 **화**-로우 미

all the days of my life, / and I will dwell /
오- 더 **데**-이즈 옵 마이**라**-이ㅎ 앤 아이위어 드**웨**-어

in the house / of the LORD / forever. //
인 더 **하**-우스 옵 더 **로**-ㄹㄷ 훨**에**-버ㄹ

[개역개정] 내 평생에 선하심과 인자하심이 반드시 나를 따르리니 내가 여호와의 집에 영원히 살리로다

34:4 I sought the LORD, / and he answered me; /
(T92) 아이 **싸**-ㅌ 더 **로**-ㄹㄷ 앤 히 **앤**-써ㄷ 미

he delivered me / from all my fears. //
히 딜**리**-벌ㄷ 미 후럼 올 마이 **휘**-얼스

[개역개정] 내가 여호와께 간구하매 내게 응답하시고 내 모든 두려움에서 나를 건지셨도다

37:5 Commit your way / to the LORD; /
(T93) 커**미**-츄어ㄹ **웨**-이 투 더 **로**-ㄹㄷ

trust in him / and he will do this: /
투**라**-스ㅌ인 힘 앤 히 위어 **두** 디스

[개역개정] 네 길을 여호와께 맡기라 그를 의지하면 그가 이루시고

23:6 Surely goodness and love will follow me all the days
부사 S V O 부사구
분명히 선하심과 인자하심이 내 평생에 나를 따르리니,

of my life, and I will dwell in the house of the LORD
형용사구 S V 부사구 형용사구
내가 여호와의 집에 살겠습니다.

forever.
부사
영원히

[직독직해] 분명히 선하심과 인자하심이 내 평생에 나를 따르리니, 내가 여호와의 집에 영원히 살겠습니다.

[문법설명] [in the house of the LORD] 전체를 부사구로 봐도 좋고, [in the house]는 부사구, [of the LORD]는 형용사구로 봐도 좋다.

34:4 I sought the LORD, and he answered me;
S V O S V O
내가 여호와를 찾았더니 내게 응답하시고,

he delivered me from all my fears.
S V O 부사구
그분이 나를 건지셨습니다. 내 모든 두려움에서

[직독직해] 내가 여호와를 찾았더니 내게 응답하시고, 내 모든 두려움에서 나를 건지셨습니다.

[문법설명] and : ~해서(원인), he는 여호와이다. I는 다윗이다.

37:5 Commit your way to the LORD; trust in him
S O 부사구 V O
네 길을 여호와께 맡기라. 그를 의지하면

and he will do this:
S V O
그가 이루십니다.

[직독직해] 네 길을 여호와께 맡기라. 그를 의지하면 그가 이루십니다.

[문법설명] and : ~하면(조건), this : your way(당신이 가는 길)이다.

[Words & Phrases] 정확한 발음은 전자사전을 참고하시기를 바랍니다.
· surely : 확실히 · goodness : 선함 · follow : 따르다 · dwell : 살다
· sought : 찾다, 구하다 · deliver : 구하다 · fear : 경외, 두려움
· commit : 맡기다, 범하다 · trust in : 믿다

42:1 As the deer pants / for streams of water, /
(T94) 애즈 더 **디**-어ㄹ **팬**-츠 훨 스츠**림**-즈 옵 **워**-러ㄹ

so my soul pants / for you, / O God. //
쏘 마이 **쏘**-울 **팬**-츠 훨 유 오 **갇**

[개역개정] 하나님이여 사슴이 시냇물을 찾기에 갈급함 같이 내 영혼이 주를 찾기에 갈급하니이다

46:1 God is our refuge and strength, /
(T95) **갇** 이즈아워ㄹ **레**-휴지 앤 스추**랭**-스

an ever-present help / in trouble. //
언 **에**-버ㄹ 프**레** -즌 **헤**-업 인 추**라**-브

[개역개정] 하나님은 우리의 피난처시요 힘이시니 환난 중에 만날 큰 도움이시라

51:10 Create in me / a pure heart, / O God, /
(T96) 크리**에**-잇 틴 미 어 **퓨**-어ㄹ**할**-ㄹㅌ 오 **갇**

and renew a steadfast spirit / within me. //
앤 리**뉴**- 어 스**땓훼**-스 스**삐**-릿 위딘 미

[개역개정] 하나님이여 내 속에 정한 마음을 창조하시고 내 안에 정직한 영을 새롭게 하소서

42:1 As the deer pants for streams of water,
S V O
사슴이 시냇물을 찾아 헤매듯이

so my soul pants for you, O God.
S V O 호격
내 영혼이 주를 찾아 헤맵니다. 하나님이여,

[직독직해] 하나님이여, 사슴이 시냇물을 찾아 헤매듯이 내 영혼이 주를 찾아 헤맵니다.

[문법설명] As A so B : A하듯이 B하다

46:1 God is our refuge and strength,
S V C1
하나님은 우리의 피난처이시고, 힘이시고,

an ever-present help in trouble.
C2 부사구
만날 큰 도움이십니다. 환난 중에

[직독직해] 하나님은 우리의 피난처이시고, 힘이시고, 환난 중에 만날 큰 도움이십니다.

[문법설명] 보어가 2개이다.

51:10 Create in me a pure heart, O God,
V 부사구 O 호격
내 속에 깨끗한 마음을 만들어주시고, 하나님이여,

and renew a steadfast spirit within me.
V O 부사구
내 안에 불변의 영을 새롭게 하소서

[직독직해] 하나님이여, 내 속에 깨끗한 마음을 만들어주시고, 내 안에 불변의 영을 새롭게 하소서

[Words & Phrases] 정확한 발음은 전자사전을 참고하시기를 바랍니다.
· deer : 사슴 · pant for : 헤매다, 갈망하다 · soul : 영혼, 영, 사람
· stream : 시내(물) · strength : 힘 · ever-present : 바로 현존하는
· create : 만들어내다 · pure : 순수한 · renew : 새롭게 하다
· spirit : 영, 성령, 정신, 기백 · steadfast : 불변의

55:22 Cast your cares / on the LORD / and
(T97) **캐**-스츄얼 **캐**-얼스 온 더 **로**-ㄹㄷ 앤

he will sustain you; / he will never let
히 위어 **써**-스테인 유 히 위어 **네**-버ㄹ **렛**

the righteous fall. //
더 **롸**-이쳐스 **훠**-

[개역개정] 네 짐을 여호와께 맡기라 그가 너를 붙드시고 의인의 요동함을 영원히 허락하지 아니하시리로다

73:26 My flesh and my heart / may fail, / but
(T98) 마이 훌**레**-쉬 앤 마이 **하**-ㄹㅌ 메이 **훼**-어 **밧**

God is the strength / of my heart / and
갇 이즈 더 스트**랭**-스 옵 마이 **하**-ㄹㅌ 앤

my portion / forever. //
마이 **포**-ㄹ션 훠**에**-버ㄹ

[개역개정] 내 육체와 마음은 쇠약하나 하나님은 내 마음의 반석이시요 영원한 분깃이시라

79:13 Then / we your people, / the sheep of
(T99) 덴 위 유얼 **피**-쁘 더 **쉽** 옵

your pasture, / will praise you / forever; /
유얼 **패**-스춰ㄹ 위어 프**레**-이쥬 훠**에**-버ㄹ

from generation / to generation / we
후럼 제-네**래**-이션 투 제-네**래**-이션 위

will recount your praise. //
위어 뢰**카**-운 츄어ㄹ 프**레**-이스

[개역개정] 우리는 주의 백성이요 주의 목장의 양이니 우리는 영원히 주께 감사하며 주의 영예를 대대에 전하리이다

55:22 Cast your cares on the LORD and he will sustain
V O 부사구 S V
네 걱정을 여호와께 맡기라. 그가 너를 붙드시고,

you; he will never let the righteous fall.
O S V O OC
그분은 의로운 사람이 결코 넘어지게 하지 않을 것이다.

[직독직해] 네 걱정을 여호와께 맡기라. 그가 너를 붙드시고, 의로운 사람이 결코 넘어지게 하지 않을 것이다.
[문법설명] and : 그러면, he는 여호와이시고, fall은 원형부정사로 목적격보어

73:26 My flesh and my heart may fail, but God is
S V S V
내 육체와 마음은 쇠약하나 하나님은

the strength of my heart and my portion forever.
C 부사
영원히 내 마음의 힘이시고, 나의 몫이십니다.

[직독직해] 내 육체와 마음은 쇠약하나 하나님은 영원히 내 마음의 힘이시고, 나의 몫이십니다.
[문법설명] [the strength of my heart and (my portion)]에서 [my portion]도 [the strength of]에 연결된다.

79:13 Then we your people, the sheep of your pasture,
부사 S 동격 동격
주의 백성 우리는 주의 목장의 양인

will praise you forever; from generation to
V O 부사 부사구
영원히 주께 감사할 것이며, 대대로

generation we will recount your praise.
S V O
우리는 주의 영예를 전할 것입니다.

[직독직해] 주의 목장의 양인 주의 백성 우리는 영원히 주께 감사할 것이며 우리는 주의 영예를 대대로 전할 것입니다.
[문법설명] [we, your people, the sheep of your pasture]는 모두가 동격이다.

[Words & Phrases] 정확한 발음은 전자사전을 참고하시기를 바랍니다.
· cast : 맡기다, 던지다 · care : 걱정, 조심 · sustain : 붙들다, 부양하다
· fall : 넘어지다, 떨어지다, 가을 · flesh : 육체, 정욕 · strength : 힘
· fail : 쇠약하다, 실패하다 · portion : 몫, 부분, 운명 · forever : 영원히
· pasture : 초원, 목장 · praise : 칭송하다, 찬양 · generation : 세대
· from generation to generation : 대대로 · recount : 전하다

86:6 Hear my prayer, / O LORD; / listen to /
(T100) **히**-어ㄹ 마이프**레**-이어ㄹ 오 **로**-ㄹㄷ **릿**-슨 투

my cry / for mercy. //
마이크**라**-이 훨 **머**-ㄹ시

[개역개정] 여호와여 나의 기도에 귀를 기울이시고 내가 간구하는 소리를 들으소서

86:7 In the day of my trouble / I will call /
(T101) 인 더 **데**-이 옵 마이 추**롸**-브 아이 위어 **코**-

to you, / for / you will answer me. //
투 유 훨 유 위어 **앤**-써ㄹ 미

[개역개정] 나의 환난 날에 내가 주께 부르짖으리니 주께서 내게 응답하시리이다

100:3 Know / that the LORD is God. // It is he /
(T102) **노**-우 댓 더 **로**-ㄹㄷ 이즈 **갇** 이리즈 히

who made us, / and we are his; / we are
후 **메**-이더스 앤 위 알 히즈 위 알

his people, / the sheep of his pasture. //
히즈 **피**-쁠 더 **쉽** 옵 히즈 **패**-스쳐ㄹ

[개역개정] 여호와가 우리 하나님이신 줄 너희는 알지어다 그는 우리를 지으신 이요 우리는 그의 것이니 그의 백성이요 그의 기르시는 양이로다

86:6 Hear my prayer, O LORD; listen to my cry for mercy.
V O 호격 V O 부사구
여호와여, 나의 기도를 들으시고, 자비를 구하는 내 절규에 귀를 기울여 주소서.

[직독직해] 여호와여, 나의 기도를 들으시고, 자비구하는 내 절규에 귀를 기울여 주소서.

86:7 In the day of my trouble I will call to you,
부사구 S V 부사구
나의 고난의 날에, 내가 주께 부르짖을 것입니다.

for you will answer me.
S V O
주께서 나에게 응답하실 것이므로

[직독직해] 주께서 나에게 응답하실 것이므로 나의 고난의 날에, 내가 주께 부르짖을 것입니다.

[문법설명] for 이하 문장은 원인을 나타내는 부사절이다.

100:3 Know that the LORD is God.
V O(명사절)
여호와가 우리 하나님이신 줄 알아라.

It is he who made us, and we are his;
S V C 명사절 S V C
우리를 지으신 분은 하나님이시다. 그래서 우리는 그의 것이고,

we are his people, the sheep of his pasture.
S V C1 C2
우리는 그의 백성이고, 그분의 풀밭의 양들입니다.

[직독직해] 여호와가 우리 하나님이신 줄 알아라. 우리를 지으신 분은 하나님이시다. 그래서 우리는 그의 것이고, 그의 백성이고, 그분의 풀밭의 양들입니다.

[문법설명] [It ~ that]의 강조용법에서 he가 강조되었다. he는 God이다. his(그의 것)는 소유대명사이다. 즉 하나님의 것.

[Words & Phrases] 정확한 발음은 전자사전을 참고하시기를 바랍니다.
· prayer : 기도 · my cry for mercy : 베풀어달라는 나의 부르짖음
· listen to : ~에 경청하다 · answer : 대답하다, 대답 · sheep : 양
· mercy : 자비, 연민 · trouble : 고난, 고통 · pasture : 목초, 목장

100:4 Enter his gates / with thanksgiving / and
(T103) **엔**-터ㄹ 히즈 **게**-이츠 윋 땡스**기**-빙 앤
his courts / with praise; / give thanks /
히즈 **커**-ㄹ츠 윋 프**레**-이스 **깁** **땡**-스
to him / and praise his name. //
투 힘 앤 프**레**-이스 히즈 **네**-임

[개역개정] 감사함으로 그의 문에 들어가며 찬송함으로 그의 궁정에 들어가서 그에게 감사하며 그의 이름을 송축할지어다

100:5 For / the LORD is good / and his love
(T104) **훠** 더 **로**-ㄹㄷ 이즈 **굳** 앤 히즈 **러**-ㅂ
endures / forever; / his faithfulness
인**듀**-얼스 훠**에**-버ㄹ 히즈 **훼**-이스훠네스
continues / through all generations. //
컨**티**-뉴스 뚜**루**- 오- 제네**레**-이션스

[개역개정] 여호와는 선하시니 그의 인자하심이 영원하고 그의 성실하심이 대대에 이르리로다

111:10 The fear of the LORD / is the beginning
(T105) 더 **휘**-어러 더 **로**-ㄹㄷ 이즈 더 비**기**-닝
of wisdom; / all who follow his precepts
옵 **위**-즈덤 오- **후** **화**-로우 히즈 프**리**-쎕츠
have good understanding. // To him /
해ㅂ **굳** 언더스**땐**-딩 투 힘
belongs eternal praise. //
버**롱**-스 **이**-터너 프**레**-이스

[개역개정] 여호와를 경외함이 지혜의 근본이라 그의 계명을 지키는 자는 다 훌륭한 지각을 가진 자이니 여호와를 찬양함이 영원히 계속되리로다

100:4 Enter his gates with thanksgiving and his courts
V O1 부사구 O2
그의 문에 들어가라. 감사함으로 그의 궁정에 들어가라.

with praise; give thanks to him and praise his name.
부사구 V O 부사구 V O
찬송함으로 그에게 감사하며 그의 이름을 송축하라.

[직독직해] 감사함으로 그의 문에 들어가라. 찬송함으로 그의 궁정에 들어가라. 그에게 감사하며, 그의 이름을 송축하라.

100:5 For the LORD is good and his love endures forever;
S V C S V 부사
여호와는 선하시므로 그의 인자하심이 영원하십니다.

his faithfulness continues through all generations.
S V 부사구
그의 성실하심이 대대로 이어질 것입니다.

[직독직해] 여호와는 선하시므로 그의 인자하심이 영원하십니다. 그의 성실하심이 대대로 이어질 것입니다.

111:10 The fear of the LORD is the beginning of wisdom;
S V C
여호와를 경외함이 지혜의 시작이다.

all who follow his precepts have good understanding.
S 형용사절 V C
그의 계명을 따르는 모든 사람은 훌륭한 깨달음을 얻는다.

To him belongs eternal praise.
부사구 V S
여호와에게는 영원한 찬양이 있습니다.

[직독직해] 여호와를 경외함이 지혜의 시작이다. 그의 계명을 따르는 모든 사람은 훌륭한 깨달음을 얻는다. 여호와에게는 영원한 찬양이 있다.

[문법설명] [The fear of the LORD]=>[A of B]에서 B를 목적어로, A를 동사로 본다. [to him]부사구가 도치되어 주어 앞에 동사가 왔다.

[Words & Phrases] 정확한 발음은 전자사전을 참고하시기를 바랍니다.

- enter : 들어가다 · thanksgiving : 감사, 감사하기 · court : 궁정, 코트, 법정
- endure : 지속하다, 인내하다 · continue : 지속하다 · fear : 경외, 두려움
- through all generations : 대대로 · generation : 세대, 발생
- beginning : 시작 · follow : 따르다 · eternal : 영원한
- precept : 계명, 지각 · understanding : 깨달음 · belong : 속하다

116:1 I love the LORD, / for he heard my voice; /
(T106) 아이 **러**-ㅂ 더 **로**-ㄹㄷ 훨 히 **허**-ㄹㄷ 마이 **보**-이스

he heard my cry / for mercy. //
히 **허**-ㄹㄷ 마이크**라**-이 훨 **머**-ㄹ시

[개역개정] 여호와께서 내 음성과 내 간구를 들으시므로 내가 그를 사랑하는도다

118:24 This is the day / the LORD has made; /
(T107) 디스 이즈 더 **데**-이 더 **로**-ㄹㄷ 해즈 **메**-이ㄷ

let us rejoice / and be glad / in it. //
렛 아스 뤼**죠**-이스 앤 비 글**래**-ㄷ 이 닛

[개역개정] 이 날은 여호와께서 정하신 것이라 이 날에 우리가 즐거워하고 기뻐하리로다

119:11 I have hidden your word / in my heart /
(T108) 아이 해ㅂ **히**-든 유얼 **워**-ㄹㄷ 인 마이 **하**-ㄹㅌ

that I might not sin / against you. //
댓 아이 마이ㅌ **낫** **씬** 어**겐**-스ㅌ 유

[개역개정] 내가 주께 범죄하지 아니하려 하여 주의 말씀을 내 마음에 두었나이다

116:1 I love the LORD, for he heard my voice;
S V O S V O
내가 여호와를 사랑합니다. 여호와께서 내 음성을 들으시고

he heard my cry for mercy.
S V O 부사구
자비를 구하는 나의 부르짖음을 들으심으로

[직독직해] 여호와께서 내 음성을 들으시고, 자비를 구하는 나의 부르짖음을 들으심으로, 내가 그분을 사랑합니다.

[문법설명] 100:5와 116:1의 for는 이유를 나타낸다. he는 여호와이다.

118:24 This is the day the LORD has made;
S V C 형용사절
이는 여호와께서 만드신 날이다.

let us rejoice and be glad in it.
V O OC1 OC2 C' 부사구
그 날에 우리가 즐거워하고 기뻐하라.

[직독직해] 이는 여호와께서 만드신 날이다. 그 날에 우리가 즐거워하고 기뻐하라.

[문법설명] 형용사절 앞에 관계부사 when이 생략. it는 the day이다.
[let us rejoice and be glad in it.]은 5형식으로 rejoice와 be는 목적격보어로 원형부정사이다.

119:11 I have hidden your word in my heart
S V O 부사구
내가 주의 말씀을 내 마음에 두었습니다.

that I might not sin against you.
S V 부사구
내가 주께 죄를 짓지 않기 위해

[직독직해] 내가 주께 죄를 짓지 않기 위해 주의 말씀을 내 마음에 두었습니다.

[문법설명] [(so) that ~ might]은 목적(~하기 위해) 부사절이다.
[have hidden]은 현재완료의 계속을 나타낸다.

[Words & Phrases] 정확한 발음은 전자사전을 참고하시기를 바랍니다.
· voice : 음성 · cry : 부르짖음, 부르짖다 · mercy : 자비 · rejoice : 기쁨
· (so) that ~ may : ~ 하기 위해 · have hidden : 두었다, 숨겨왔다

119:105 Your word is a lamp / to my feet /
(T109) 유얼 **워**-ㄹㄷ 이저 **램** 투 마이 **흿**
and a light / for my path. //
앤더 **라**-잇 훨 마이 **패**-스

[개역개정] 주의 말씀은 내 발에 등이요 내 길에 빛이니이다

150:6 Let everything / that has breath / praise
(T110) **렛** **에**-브리띵 댓 해즈 브**뤠**-스 프**레**-이스
the LORD. // Praise the LORD. //
더 **로**-ㄹㄷ 프**레**-이스 더 **로**-ㄹㄷ

[개역개정] 호흡이 있는 자마다 여호와를 찬양할지어다 할렐루야

119:105 Your word is a lamp to my feet

S V C1 부사구

주의 말씀은 내 발에 등이요

and a light for my path.

C2 부사구

내 길에 빛입니다.

[직독직해] 주의 말씀은 내 발에 등이요 내 길에 빛입니다.
[문법설명] be동사의 보어가 2개이다.

150:6 Let everything that has breath praise the LORD.

V O 형용사절 OC O'

호흡이 있는 자마다 여호와를 찬양하라.

Praise the LORD.

V O

여호와를 찬양하라.

[직독직해] 호흡이 있는 자마다 여호와를 찬양하라. 여호와를 찬양하라.
[문법설명] praise는 원형부정사로 5형식에서 목적격보어로 쓰였다.

[Words & Phrases] 정확한 발음은 전자사전을 참고하시기를 바랍니다.
· lamp : 등불 · feet : 발(foot의 복수) · light : 빛, 전등 · path : 길
· breath : 호흡 · praise : 찬양하다, 찬양

Proverbs(잠언 15절)

1:7 The fear of the LORD / is the beginning
(T111) 더 **휘**-어롭 더 **로**-ㄹㄷ 이즈 더 비**기**-닝

of knowledge, / but fools despise wisdom
옵 **날**-레지 **밧** **훌**-스 디스**빠**-이스 **위**-즈덤

and discipline. //
앤 **디**-써플랜

[개역개정] 여호와를 경외하는 것이 지식의 근본이거늘 미련한 자는 지혜와 훈계를 멸시하느니라

3:5 Trust in the LORD / with all your heart /
(T112)트**라**-스ㅌ인 더 **로**-ㄹㄷ 윈 오- 유얼 **하**-ㄹㅌ

and lean not / on your own understanding; //
앤 **린**- **낫** 온 유얼 **오**-운 **언**-덜스**땐**-딩

[개역개정] 너는 마음을 다하여 여호와를 신뢰하고 네 명철을 의지하지 말라

3:6 in all your ways / acknowledge him, /
(T113)인 오- 유얼 **웨**-이즈 액**날**-레지 힘

and he will make your paths / straight, /
앤 히 위어 **메**-이뀨얼 **패**-스 스추**레**-잇

[개역개정] 너는 범사에 그를 인정하라 그리하면 네 길을 지도하시리라

Proverbs(잠언)

1:7 The fear of the LORD is the beginning of knowledge,

S V C

여호와를 경외하는 것이 지식의 시작이지만,

but fools despise wisdom and discipline.

S V O

미련한 자는 지혜와 훈계를 멸시한다.

[직독직해] 여호와를 경외하는 것이 지식의 시작이지만, 미련한 자는 지혜와 훈계를 멸시한다.

[문법설명] [The fear of the LORD]=>[V of O] 즉 the LORD를 목적어, the fear를 동사로 해석한다.

3:5 Trust in the LORD with all your heart and

V O 부사구

너는 여호와를 신뢰하고 마음을 다하여

lean not on your own understanding;

V O

네 명철에 의지하지 말라.

[직독직해] 너는 마음을 다하여 여호와를 신뢰하고 네 명철에 의지하지 말라

[문법설명] [trust in], [lean on]에서 trust와 lean이 자동사이므로 목적어를 취하기 위해 전치사 in과 on이 왔다. [자동사+전치사]=타동사

3:6 in all your ways acknowledge him,

부사구 V O

범사에 여호와를 인정하라.

and he will make your paths straight,

S V O OC

그러면 주께서 네 길을 곧게 하실 것이다.

[직독직해] 범사에 그를 인정하라. 그러면 주께서 네 길을 곧게 하실 것이다.

[문법설명] he, him은 여호와이시다. [명령문, and]에서 and는 그러면

[Words & Phrases] 정확한 발음은 전자사전을 참고하시기를 바랍니다.

- fear : 경외, 두려워하다 · beginning : 시작, 태초 · knowledge : 지식
- fool : 바보, 우롱하다 · despise : 멸시하다 · wisdom : 지혜
- discipline : 훈계, 훈련 · trust in : 신뢰하다 · lean on : 의지하다, 기대다
- with all your heart : 마음을 다 하여 · own : 자기 자신의, 소유하다
- understanding : 깨달음, 명철 · acknowledge : 인정하다

7:1 My son, / keep my words / and store up
(T114)마이 **썬** **킵** 마이 **워**-ㄹ즈 앤 스**또**-아랍

my commands / within you. //
마이 코**맨**-즈 위딘 유

[개역개정] 내 아들아 내 말을 지키며 내 계명을 간직하라

7:2 Keep my commands / and you will live; /
(T115) **킵** 마이 코**맨**-즈 앤 유 위어 **리**-ㅂ

guard my teachings / as the apple /
가-ㄹㄷ 마이 **티**-칭스 애즈 디 **애**-쁘

of your eye. //
오뷰어ㄹ **아**-이

[개역개정] 내 계명을 지켜 살며 내 법을 네 눈동자처럼 지키라

7:3 Bind them / on your fingers; / write them /
(T116)**바**-인 뎀 온 유어ㄹ **휭**-거ㄹ스 **롸**-잇 뎀

on the tablet / of your heart. //
온 더 **태**-블렛 오뷰어ㄹ **하**-ㄹㅌ

[개역개정] 이것을 네 손가락에 매며 이것을 네 마음판에 새기라

7:1 My son, keep my words and store up my commands
호격 V O V O
내 아들아, 내 말을 지키고, 내 계명을 간직하라.

within you.
부사구
네 마음속에

[직독직해] 내 아들아, 내 말을 지키고, 내 계명을 네 마음속에 간직하라.
[문법설명] My는 여호와시다.

7:2 Keep my commands and you will live;
V O S V
내 계명을 지켜라. 그러면 너는 살 것이고,

guard my teachings as the apple of your eye.
V O 부사구
내 가르침을 지키라. 네 눈동자처럼

[직독직해] 내 계명을 지켜라. 그러면 너는 살 것이고, 내 가르침을 네 눈동자처럼 지키라.
[문법설명] [명령문, and]의 and는 그러면, [명령문, or]의 or는 그렇지 않으면

7:3 Bind them on your fingers;
V O 부사구
그것들을 네 손가락에 매고,

write them on the tablet of your heart.
V O 부사구
그것들을 네 마음 판에 새기라.

[직독직해] 그것들을 네 손가락에 매고, 그것들을 네 마음 판에 새기라.
[문법설명] them은 내 명령과 내 가르침을 뜻한다.

[Words & Phrases] 정확한 발음은 전자사전을 참고하시기를 바랍니다.
· keep : 지키다, 유지하다 · store up : 간직하다, 쌓아올리다, 저장하다
· commands : 계명(commandment) · command : 명령, 명령하다
· within : ~안에 · the apple of your eye : 네 눈동자 · teaching : 가르침
· bind : 묶다 · on the tablet of your heart : 네 마음 판에
· tablet : 판, 정제

8:17 I love those / who love me, /
(T117)아이**러**-ㅂ 도우즈 **후** **러**-ㅂ 미
and those / who seek me / find me. //
앤 도우즈 **후** **씩**- 미 **화**-인 미

[개역개정] 나를 사랑하는 자들이 나의 사랑을 입으며 나를 간절히 찾는 자가 나를 만날 것이니라

9:10 "The fear of the LORD / is the beginning /
(T118) 더 **휘**-얼옵 더 **로**-ㄹㄷ 이즈 더 비**기**-닝
of wisdom, / and knowledge of the
옵 **위**-즈덤 앤 **날**-레지 옵 더
Holy One / is understanding. //
호**울**-리 원 이즈 언덜스**땐**-딩

[개역개정] 여호와를 경외하는 것이 지혜의 근본이요 거룩하신 자를 아는 것이 명철이니라

11:25 A generous man will prosper; /
(T119) 어 **제**-네레스 **맨** 위어 프**라**-스퍼ㄹ
he / who refreshes others / will himself /
히 **후** 레후**레**-쉬스 아덜스 위어 힘**쎄**-업
be refreshed. //
비 레후**레**-쉬ㅌ

[개역개정] 구제를 좋아하는 자는 풍족하여질 것이요 남을 윤택하게 하는 자는 자기도 윤택하여지리라

8:17 I love those who love me, and
S V O1 형용사절
나는 나를 사랑하는 자들을 사랑하며,

those who seek me find me.
O2 형용사절
나를 찾는 자들이 나를 찾는다.

[직독직해] 나는 나를 사랑하는 자들을 사랑하며, 나를 찾는 자들이 나를 찾는다.

[문법설명] those(people)는 목적어로 쓰였고, 형용사절의 꾸밈을 받는다.

9:10 "The fear of the LORD is the beginning of wisdom,
S V C
여호와를 경외하는 것이 지혜의 시작이고,

and knowledge of the Holy One is understanding.
S V C
거룩하신 자를 아는 것이 명철이다.

[직독직해] 여호와를 경외하는 것이 지혜의 시작이고, 거룩하신 자를 아는 것이 명철이다.

[문법설명] [The fear of the LORD]=>[A of B]에서 B가 주어 A가 동사로 해석한다. [knowledge of the Holy One]에서 of는 소유의 뜻이다.

11:25 A generous man will prosper;
S V
후덕한 사람은 풍족하여질 것이고,

he who refreshes others will himself be refreshed.
S 형용사절 V
남을 윤택하게 하는 사람은 자기도 윤택해질 것이다.

[직독직해] 후덕한 사람은 풍족하여질 것이고, 남을 윤택하게 하는 사람은 자기도 윤택해질 것이다.

[문법설명] he는 일반적인 사람으로 선행사가 되었다.

[Words & Phrases] 정확한 발음은 전자사전을 참고하시기를 바랍니다.
· seek(find) : 찾다 · fear : 경외 · beginning : 시작 · wisdom : 지혜
· knowledge : 지식 · the Holy One : 성스러운 분
· understanding : 명철, 깨달음 · generous : 후덕한, 자애로운
· prosper : 번성하다 · refresh : 윤택하게 하다, 신선하게 하다

15:1 A gentle answer turns away wrath, /
(T120) 어 **젠**-털 **앤**-써 **터**-ㄴ스 어**웨**-이 **뢔**-스
but a harsh word stirs up anger. //
바-러 **하**-ㄹ쉬 **워**-ㄹㄷ 스**떼**-얼**쌉** **앵**-거ㄹ

[개역개정] 유순한 대답은 분노를 쉬게 하여도 과격한 말은 노를 격동하느니라

16:9 In his heart / a man plans his course, /
(T121) 인 히즈 **하**-ㄹㅌ 어 **맨** 플**랜**-스 히즈 **코**-ㄹ스
but the LORD determines his steps. //
밧 더 **로**-ㄹㄷ 디**터**-민스 히즈 스**뗍**-스

[개역개정] 사람이 마음으로 자기의 길을 계획할지라도 그의 걸음을 인도하시는 이는 여호와시니라

18:12 Before his downfall / a man's heart is
(T122) 비**훠**-ㄹ 히즈 **다**-운훨 어 **맨**-스 **하**-ㄹㅌ 이즈
proud, / but humility comes / before
프**롸**-우ㄷ 밧 휴**미**-러리 **캄**-스 비**훠**-ㄹ
honor. //
아-너ㄹ

[개역개정] 사람의 마음의 교만은 멸망의 선봉이요 겸손은 존귀의 길잡이니라

15:1 A gentle answer turns away wrath,
S V O
부드러운 대답은 분노를 가라앉히지만

but a harsh word stirs up anger.
S V O
거친 말은 노여움을 일으킨다.

[직독직해] 부드러운 대답은 분노를 가라앉히지만, 거친 말은 노여움을 일으킨다.
[문법설명] [turn away]=>[자동사+전치가] : 외면하다, 가라앉히다
[stir up]=>[타동사+부사] : 선동하다, 일으키다

16:9 In his heart a man plans his course,
부사구 S V O
마음으로 사람은 자기의 길을 계획하지만,

but the LORD determines his steps.
S V O
여호와께서 그의 걸음을 결정하십니다.

[직독직해] 사람이 마음으로 자기의 길을 계획하지만, 여호와께서 그의 걸음을 결정하십니다.
[문법설명] [In his heart] 부사구가 앞으로 도치되었다.

18:12 Before his downfall a man's heart is proud,
부사구 S V C
멸망에 전에는 사람의 마음이 교만하지만,

but humility comes before honor.
S V 부사구
명예 전에는 겸손하다.

[직독직해] 멸망 전에는 사람의 마음이 교만하지만, 명예 전에는 겸손하다.
[문법설명] 부사구는 문장 앞에 올 수도 있고, 뒤에 올 수도 있다.

[Words & Phrases] 정확한 발음은 전자사전을 참고하시기를 바랍니다.
· gentle : 부드러운, 유산한 · turn away : 외면하다, 가라앉히다
· wrath : 분노 · harsh : 거친, 사나운 · stir up : 일으키다, 선동하다,
· anger : 노여움 · in his hart : 마음으로 · plan : 계획하다, 계획
· course : 길, 질로, 코스 · determine : 결정하다, 결심하다
· step : 발걸음 · downfall : 멸망, 낙하 · proud : 교만한
· humility : 겸손, 비하 · honor : 명예, 존경하다

22:6 Train a child / in the way / he should go, /
(T123) 추**레**-이너 **촤**-일ㄷ 인 더 **웨**-이 히 슈-ㄷ **고**-우
and when he is old / he will not turn /
앤 **웬** 히 이즈**오**-우ㄷ 히 위어 **낫** **터**-ㄹㄴ
from it. //
후러-밋

[개역개정] 마땅히 행할 길을 아이에게 가르치라 그리하면 늙어도 그것을 떠나지 아니하리라

27:1 Do not boast / about tomorrow, /
(T124) 두 **낫** **보**-스ㅌ 어바웃 투**모**-로
for you do not know / what a day
훨 유 두 **낫** **노**-우 **워**-러 **데**-이
may bring forth. //
메이 브**링**- **훨**-스

[개역개정] 너는 내일 일을 자랑하지 말라 하루 동안에 무슨 일이 일어날는지 네가 알 수 없음이니라

30:8 Keep falsehood and lies / far from me; /
(T125) **킵** **훨**-스훋 앤 **라**-이스 **화**-ㄹ 후럼 미
give me neither poverty nor riches, /
김 미 **니**-더ㄹ **파**-버리 노아ㄹ **뢰**-치스
but give me only my daily bread. //
밧 **김** 미 **온**-리 마이 **데**-일리 브**렌**-

[개역개정] 곧 헛된 것과 거짓말을 내게서 멀리 하옵시며 나를 가난하게도 마옵시고 부하게도 마옵시고 오직 필요한 양식으로 나를 먹이시옵소서

22:6 Train a child in the way he should go, and

V O 부사구 형용사절 그리하면

아이가 가야할 길로 훈련을 시켜라.

when he is old he will not turn from it.

부사절 S V 부사구

그가 늙을 때에도 그것을 떠나지 아니할 것이다.

[직독직해] 아이가 가야할 길로 훈련을 시켜라. 그리하면 그가 늙을 때에도 그것을 떠나지 아니할 것이다.

[문법설명] he와 the way 사이에 관계대명사 that이 생략되었다.

27:1 Do not boast about tomorrow, for you do not know

V 부사구 S V

내일 일을 자랑하지 말라. 너는 알지 못한다.

what a day may bring forth.

O S V

하루 동안에 무슨 일이 일어날는지

[직독직해] 내일 일을 자랑하지 말라. 왜냐하면 하루 동안에 무슨 일이 일어날는지 너는 알지 못하기 때문이다.

[문법설명] what은 의문사로 목적어, a day가 주어이다.

30:8 Keep falsehood and lies far from me;

V O 부사 부사구

헛된 것과 거짓말을 내게서 멀리 하라.

give me neither poverty nor riches,

V IO DO

나에게 가난도 부유함도 주지마시고,

but give me only my daily bread.

V IO DO

오직 필요한 양식만을 주십시오.

[직독직해] 헛된 것과 거짓말을 내게서 멀리 하라.나에게 가난도 부유함도 주지마시고, 오직 필요한 양식만을 주십시오.

[문법설명] neither A nor B : A도 B도 아니다

[Words & Phrases] 정확한 발음은 전자사전을 참고하시기를 바랍니다.

· train : 훈련시키다 · turn from : 떠나다 · bring forth : 일어나다, 생기다
· boast : 자랑하다 · falsehood : 헛된 것 · lie : 거짓말 · far : 멀리, 훨씬
· neither A nor B : A도 B도 아니다 · poverty : 가난 · rich : 부유, 부유한
· daily : 매일의 · bread : 빵

Ecclesiastes(전도서 5절)

2:24 A man can do nothing / better than /
(T126) 어 **맨** 캔 **두** **낫**-띵 **베**-러ㄹ 댄

to eat / and drink / and find satisfaction /
투 **잇** 앤 쥬**링**- 앤 **화**-인 쌔리스**홱**-션

in his work. // This too, / I see, / is /
인 히즈 **워**-ㄹㄱ 디스 투 아이 **씨** 이즈

from the hand of God, /
후럼 더 **핸**-돕 **갇**

[개역개정] 사람이 먹고 마시며 수고하는 것보다 그의 마음을 더 기쁘게 하는 것은 없나니 내가 이것도 본즉 하나님의 손에서 나오는 것이로다

5:2 Do not be quick / with your mouth, /
(T127) 두 **낫** 비 **퀵** 윋 유얼 **마**-우스

do not be hasty / in your heart /
두 **낫** 비 **헤**-이스디 인 유얼 **하**-ㄹㅌ

to utter anything / before God. //
투 **어**-러ㄹ **에**-니띵 비**훨**- **갇**

God is / in heaven / and you are /
갇 이즈 인 **헤**-븐 앤 유 **알**

on earth, / so let your words be few. //
온 **어**-ㄹ스 **쏘** **렛** 츄얼 **워**-ㄹ즈 비 **휘**-유

[개역개정] 너는 하나님 앞에서 함부로 입을 열지 말며 급한 마음으로 말을 내지 말라 하나님은 하늘에 계시고 너는 땅에 있음이니라 그런즉 마땅히 말을 적게 할 것이라

Ecclesiastes(전도서)

2:24 A man can do nothing better than to eat
S V O1 부사구 O2
사람이 먹는 것 보다 더 좋은 것은 아무것도 할 수 없다.

and drink and find satisfaction in his work.
O3 O4 O' 부사구
마시며, 자기 일에 만족하는 것 보다

This too, I see, is from the hand of God,
S 부사 삽입절 V 부사구
이것도 알고 보니 하나님의 손에서 나온다.

[직독직해] 사람이 먹고, 마시며, 자기 일에 만족하는 것 보다 더 좋은 것은 아무것도 할 수 없다. 이것도 알고 보니 하나님의 손에서 나온다.

[문법설명] [to eat, to drink, to find] 3 모두 do의 목적어이다.
[I see]는 삽입절이다.

5:2 Do not be quick with your mouth, do not be hasty
V C 부사구 V C
네 입을 경솔하게 열지 말라. 서둘지 말라.

in your heart to utter anything before God.
부사구 부정사 O' 부사구
마음속으로 어떤 말할가 하나님 앞에서

God is in heaven and you are on earth,
S V 부사구 S V 부사구
하나님은 하늘에 계시고, 너는 땅에 있으니

so let your words be few.
부사 V O 부정사 C
말을 적게 하라.

[직독직해] 네 입을 경솔하게 열지 말라. 하나님 앞에서 마음속으로 어떤 말을 할가 서둘지 말라. 하나님은 하늘에 계시고, 너는 땅에 있으니 말을 적게 하라.

[문법설명] [to utter]는 부사적 용법에서 형용사 hasty를 수식한다.
[be]는 원형부정사로 목적격보어로 쓰였다.

[Words & Phrases] 정확한 발음은 전자사전을 참고하시기를 바랍니다.
· find : 얻다 · satisfaction : 만족 · I see : 알고 보니 · quick ; 빨리
· hasty : 경솔한, 급한 · in your heart : 마음으로 · utter : 말하다
· in heaven : 하늘에 · on earth : 땅에 · few : 적은

5:10 Whoever loves money / never has money
(T128) 후**에**-버ㄹ **러**-ㅂ스 **머**-니 **네**-버ㄹ 해즈 **머**-니

enough; / whoever loves wealth / is never
이**나**-흐 후**에**-버ㄹ **러**-ㅂ스 **웰**-스 이즈 **네**-버ㄹ

satisfied with his income. // This too is
쌔-리스화이ㄷ 윋 히즈 **인**-캄 디스 **투** 이즈

meaningless. //
미-닝레스

[개역개정] 은을 사랑하는 자는 은으로 만족하지 못하고 풍요를 사랑하는 자는 소득으로 만족하지 아니하나니 이것도 헛되도다

9:18 Wisdom is better than / weapons of war, /
(T129) **위**-즈덤 이즈 **베**-러ㄹ 댄 **웨**-뽄저ㅂ **워**-ㄹ

but / one sinner destroys much good. //
밧 원 **씨**-너ㄹ 디스투**로**-이스 **마**-취 **굳**

[개역개정] 지혜가 무기보다 나으니라 그러나 죄인 한 사람이 많은 선을 무너지게 하느니라

10:4 If a ruler's anger rises / against you, /
(T130) 이혀 **루**-러ㄹ스 **앵**-거ㄹ**롸**-이지스 어**겐**-스트 유

do not leave your post; / calmness
두 **낫** **리**-ㅂ 유얼 **포**-스ㅌ **캄**-레스

can lay great errors / to rest. //
캔 **레**-이 **그레**-잇 **에**-로스 투 **레**-스ㅌ

[개역개정] 주권자가 네게 분을 일으키거든 너는 네 자리를 떠나지 말라 공손함이 큰 허물을 용서 받게 하느니라

5:10 Whoever loves money never has money enough;
S V O 부사
돈을 사랑하는 자는 어느 누구도 돈을 충분히 갖지 못하고,

whoever loves wealth is never satisfied with
S V
재물을 사랑하는 자는 만족하지 못한다.

his income. This too is meaningless.
O S V C
수입에 이것도 역시 허무하다.

[직독직해] 돈을 사랑하는 자는 어느 누구도 돈을 충분히 갖지 못하고, 재물을 사랑하는 자는 수입에 만족하지 못한다. 이것도 역시 허무하다.
[문법설명] whoever가 이끄는 절은 명사절로 주어로 쓰였다.

9:18 Wisdom is better than weapons of war,
S V C S
지혜가 무기보다 낫지만

but one sinner destroys much good.
S V O
죄인 한 사람이 많은 선을 무너뜨린다.

[직독직해] 지혜가 무기보다 낫지만 죄인 한 사람이 많은 선을 무너뜨린다.
[문법설명] [S than S] 즉 주어와 주어를 비교하는 구문이다.

10:4 If a ruler's anger rises against you, do not leave
S V 부사구 V
통치자가 네게 화를 내면 너는 떠나지 말라.

your post; calmness can lay great errors to rest.
O S V O OC
네 자리를 침착함이 큰 실수를 멈추게 할 수 있다.

[직독직해] 통치자가 네게 화를 내면 너는 네 자리를 떠나지 말라. 침착함이 큰 실수를 멈추게 할 수 있다.
[문법설명] [*lay* great errors to rest]에서 [lay A to rest] : A를 잠들게 하다 즉 큰 과오를 용서한다는 뜻으로 해석되었다.

[Words & Phrases] 정확한 발음은 전자사전을 참고하시기를 바랍니다.
· wealth : 재산, 부 · be satisfied with : ~에 만족하다 · income : 수입
· meaningless : 무의미한 · weapon : 무기 · war : 전쟁 · sinner : 죄인
· destroy : 파멸시키다 · ruler : 통치자 · anger : 분노 · rise : 일어나다
· leave : 떠나다, 남기다 · post : 자리, 지위, 기둥 · calmness : 침착
· error : 실수, 잘못 · rest : 멈추다, 잠잠하다, 쉬다, 가만있다

Song of Song(아가 1절)

8:7 Many waters cannot quench love; /
(T131) 메-니 **위**-러ㄹ스 캐낫 크**웬**-취 **러**-ㅂ

rivers cannot wash it away. // If one
뤼-버ㄹ스 캐낫 **워**-쉬이러**웨**-이 이흐 원

were to give all the wealth of his house /
워ㄹ 투 **기**-ㅂ 오- 더 **웰**-스 옵 히즈 **하**-우스

for love, / it would be utterly scorned. //
훠ㄹ **러**-ㅂ 잇 욷 비 **어**-러ㄹ리 스**코**-ㄹㄴㄷ

[개역개정] 많은 물도 이 사랑을 끄지 못하겠고 홍수라도 삼키지 못하나니 사람이 그의 온 가산을 다 주고 사랑과 바꾸려 할지라도 오히려 멸시를 받으리라

Song of Song(아가)

8:7 Many waters cannot quench love;
S V O
많은 물도 사랑의 불길을 끄지 못하고,

rivers cannot wash it away.
S V O 부사
강물도 사랑의 불길을 쓸어버릴 수 없다.

If one were to give all the wealth of his house
S V O
사람이 그의 온 가산을 다 준다고 해도

for love, it would be utterly scorned.
부사구 S V
사랑을 위해 완전히 멸시만 받을 것이다.

[직독직해] 많은 물도 사랑의 불길을 끄지 못하고, 강물도 사랑의 불길을 쓸어버릴 수 없다. 사람이 사랑을 위해 그의 온 가산을 다 준다고해도 완전히 멸시만 받을 것이다.

[문법설명] many waters는 바닷물이고, rivers는 강물이고, love는 사랑의 불꽃이다. [wash it away]에서 it는 love이고, [it would be utterly scorned.]에서 it는 앞 문장 전체를 가리킨다.

[Words & Phrases] 정확한 발음은 전자사전을 참고하시기를 바랍니다.

· quench : 끄다, 억압하다 · wash away : 쓰러버리다 · wealth : 재산, 부
· were to give : 준다면 · utterly : 완전히 · scorn : 멸시하다

Isaiah(이사야 13절)

1:18 "Come now, / let us reason together," /
(T132) 캄 나-우 렛 아스 뢰-즌 투게-더ㄹ

says the LORD. // "Though your sins are
쌔-즈 더 로-ㄹㄷ 도-우 유얼 씬-즈 알

like scarlet, / they shall be / as white
라-익 스카-렛 데이 쉐-어 비 애즈 와-잇

as snow; / though they are red / as
애즈 스노-우 도-우 데이 알 렌 애즈

crimson, / they shall be / like wool. //
크림-슨 데이 쉐-어 비 라-익 워-

[개역개정] 여호와께서 말씀하시되 오라 우리가 서로 변론하자 너희의 죄가 주홍 같을지라도 눈과 같이 희어질 것이요 진홍 같이 붉을지라도 양털 같이 희게 되리라

7:14 Therefore / the Lord himself will give you
(T133) 데-어ㄹ훠ㄹ 더 로-ㄹㄷ 힘쎄-업 위어 기-뷰

a sign: / The virgin will be with child /
어 싸-인 더 버-ㄹ진 위어 비 윋 좌-일ㄷ

and will give birth / to a son, / and will
앤 위어 기-ㅂ 버-ㄹ스 투 어 썬 앤 위어

call him Immanuel. //
코-림 이매-뉴어

[개역개정] 그러므로 주께서 친히 징조를 너희에게 주실 것이라 보라 처녀가 잉태하여 아들을 낳을 것이요 그의 이름을 임마누엘이라 하리라

Isaiah(이사야)

1:18 "Come now, let us reason together," says the LORD.
V 부사 V O 부정사 부사 V S
"오라, 우리가 서로 따져보자." 여호와께서 말씀하신다.

"Though your sins are like scarlet,
접속사 S V C
너희의 죄가 주홍 같을지라도

they shall be as white as snow; though
S V C 접속사
눈과 같이 희어질 것이고,

they are red as crimson, they shall be like wool.
S V C S V C
진홍같이 붉을지라도 그것들은 양털 같이 희게 될 것이다.

[직독직해] 여호와께서 말씀하신다. "오라, 우리가 서로 따져보자."
너희의 죄가 주홍 같을지라도 눈과 같이 희어질 것이고,
진홍같이 붉을지라도 그것들은 양털 같이 희게 될 것이다.

[문법설명] they는 너희 죄를 말한다. your는 이스라엘 백성이다.
[they shall be (white)]에서 (white)가 생략되었다.

7:14 Therefore the Lord himself will give you a sign:
부사 S V IO DO
그러므로 주께서 친히 너희에게 징조를 주실 것이다.

The virgin will be with child and will give birth
S V 부사구 V O
처녀가 잉태하여 아들을 낳을 것이며,

to a son, and will call him Immanuel.
부사구 V O OC
그의 이름을 임마누엘이라 부를 것이다.

[직독직해] 그러므로 주께서 친히 너희에게 징조를 주실 것이다. 처녀가 잉태하여 아들을 낳을 것이며, 그의 이름을 임마누엘이라 부를 것이다.

[문법설명] 여기서 you는 다윗왕실 즉 이스라엘을 가리킨다. him은 예수

[Words & Phrases] 정확한 발음은 전자사전을 참고하시기를 바랍니다.
· reason : 따지다, 이유 · though : ~이지만 · scarlet : 주홍, 주홍의
· crimson : 심홍색 · wool : 양털 · therefore : 그런고로 · sign : 징조
· virgin : 처녀 · give birth to a son : 아들을 낳다

9:6 For to us / a child is born, / to us / a
(T134) 훨 투 아스 어 **좌**-일ㄷ이즈**보**-ㄹㄴ 투 아스 어

son is given, / and the government will be /
썬 이즈 **기**-븐 앤 더 **가**-버ㄹ 멘ㅌ 위어 비

on his shoulders. // And he will be called
온 히즈 **쑈**-울더ㄹ스 앤 히 위어 비 **코**- ㄷ

Wonderful Counselor, / Mighty God, /
원-더후- **카**-운쓸러 **마**-이리 **갇**

Everlasting Father, / Prince of Peace. //
에버ㄹ**라**-스띵 **화**-더ㄹ 프**린**-스 옵 **피**-스

[개역개정] 이는 한 아기가 우리에게 났고 한 아들을 우리에게 주신 바 되었는데 그의 어깨에는 정사를 메었고 그의 이름은 기묘자라, 모사라, 전능하신 하나님이라, 영존하시는 아버지라, 평강의 왕이라 할 것임이라

12:2 Surely God is my salvation; / I will trust /
(T135) **슈**-얼리 **갇** 이즈 마이 **쌔**-**베**-이션 아이위어투**라**-스ㅌ

and not be afraid. // The LORD, the LORD, /
앤 **낫** 비어흐**레**-이ㄷ 더 **로**-ㄹㄷ 더 **로**-ㄹㄷ

is my strength and my song; / he has
이즈 마이 스추**랭**-스 앤 마이 **쏭** 히 해즈

become my salvation." //
비**캄** 마이 **쌔**-**베**-이션

[개역개정] 보라 하나님은 나의 구원이시라 내가 신뢰하고 두려움이 없으리니 주 여호와는 나의 힘이시며 나의 노래시며 나의 구원이심이라

9:6 For to us a child is born, to us a son is given,
부사구 S V 부사구 S V
우리에게 한 아기가 태어나고, 우리에게 한 아들이 얻어지고,

and the government will be on his shoulders.
S V 부사구
그의 어깨에는 왕권이 주어질 것이고,

And he will be called Wonderful Counselor,
S V C
그는 위대한 스승이라 불릴 것이다.

Mighty God, Everlasting Father, Prince of Peace.
동격 동격 동격
전능하신 하나님, 영원히 계시는 아버지, 평강의 왕이라고

[직독직해] 우리에게 한 아기가 태어나고, 우리에게 한 아들이 얻어지고, 그의 어깨에는 왕권이 주어질 것이고, 그는 위대한 스승, 전능하신 하나님, 영원히 계시는 아버지, 평강의 왕이라고 불릴 것이다.

[문법설명] [Mighty God, Everlasting Father, Prince of Peace.]은 모두 [Wonderful Counselor]와 동격이다.

12:2 Surely God is my salvation; I will trust and not be
부사 S V C S V1 V2
분명히 하나님은 나의 구원이십니다. 내가 믿으니 두려움이 없습니다.

afraid. The LORD, the LORD, is my strength and
S 호격 V C1
여호와는 주여, 나의 힘이시며

my song; he has become my salvation."
C2 S V C
나의 노래십니다. 그분은 나의 구원이 되셨습니다.

[직독직해] 분명히 하나님은 나의 구원이십니다. 내가 믿으니 두려움이 없습니다. 주여, 여호와는 나의 힘이시며 나의 노래십니다. 그분은 나의 구원이 되셨습니다.

[문법설명] [I will trust (you)]에서 you 즉 the LORD가 생략되었다.

[Words & Phrases] 정확한 발음은 전자사전을 참고하시기를 바랍니다.
· government : 왕권, 통치, 정부 · shoulder : 어깨 · counselor : 스승
· everlasting : 영구한, 끊임없는 · Prince of Peace : 평강의 왕
· everlasting : 영원한 · salvation : 구원 · strength : 힘

40:31 but those / who hope / in the LORD /
(T136) **밧** 도-우즈 **후** **홉** 인 더 **로**-ㄹㄷ
will renew their strength. // They will
위어 뢰**뉴**- 데어ㄹ 스츠**렝**-스 데이 위어
soar / on wings like eagles; / they will
쏘-어ㄹ 온 **윙**-즈 **라**-익 **이**-글즈 데이 위어
run / and not grow weary, / they will
런 앤 **낫** 그**로**-우 **위**-어리 데이 위어
walk / and not be faint. //
워-ㄱ 앤 **낫** 비 **훼**-인

[개역개정] 오직 여호와를 앙망하는 자는 새 힘을 얻으리니 독수리가 날개치며 올라감 같을 것이요 달음박질하여도 곤비하지 아니하겠고 걸어가도 피곤하지 아니하리로다

41:10 So do not fear, / for I am / with you; /
(T137) **쏘** 두 **낫** **휘**-어ㄹ 훨 아이 앰 윈 유
do not be dismayed, / for I am your
두 **낫** 비 디스**메**-이ㄷ 훨 아이 앰 유얼
God. // I will strengthen you / and help
갇 아이위어 스츠**랭**-슨 유 앤 **헤**-업
you; / I will uphold you / with my
유 아이위어 압**호**-우쥬 윈 마이
righteous right hand. //
롸-이쳐스 **롸**-잇 **핸**

[개역개정] 두려워하지 말라 내가 너와 함께 함이라 놀라지 말라 나는 네 하나님이 됨이라 내가 너를 굳세게 하리라 참으로 너를 도와주리라 참으로 나의 의로운 오른손으로 너를 붙들리라

40:31 but those who hope in the LORD will renew
S 형용사절 V
오직 여호와에게서 소망을 찾는 사람은 얻을 것이다.

their strength. They will soar on wings like eagles;
O S V 부사구 부사구
새 힘을 그들은 독수리같이 날개로 솟아오를 것이고,

they will run and not grow weary, they will walk
S V1 V2 C S V1
뛰어도 지치지 않을 것이고, 걸어가도

and not be faint.
V2 C
피곤하지 않을 것이다.

[직독직해] 오직 여호와에게서 소망을 찾는 사람은 새 힘을 얻을 것이다. 그들은 독수리같이 날개로 솟아오를 것이고, 뛰어도 지치지 않을 것이고, 걸어가도 피곤하지 않을 것이다.

[문법설명] those는 선행사로 사람들로 해석한다.

41:10 So do not fear, for I am with you;
V S V 부사구
두려워하지 말라. 내가 너와 함께 있으니.

do not be dismayed, for I am your God.
V S V C
당황하지 말라. 나는 네 하나님이 시니.

I will strengthen you and help you;
S V1 O V2 O
내가 너를 굳세게 하고, 너를 도와주겠다.

I will uphold you with my righteous right hand.
S V O 부사구
나의 의로운 오른손으로 너를 붙들겠다.

[직독직해] 두려워하지 말라. 내가 너와 함께 있으니, 당황하지 말라. 나는 네 하나님이시니, 내가 너를 굳세게 하고, 너를 도와주겠다. 나의 의로운 오른손으로 너를 붙들겠다.

[문법설명] for이하는 이유를 나타내는 부사절이다.

[Words & Phrases] 정확한 발음은 전자사전을 참고하시기를 바랍니다.
· renew : 새롭게 하다 · strength : 힘, 체력 · soar : 치솟다, 높이 날다
· wing : 날개 · eagle : 독수리 · grow weary : 약해지다 · weary : 지친
· faint : 약한, 어지러운, 희미한 · fear : 두려워하다, 경외, 두려움
· dismay : 당황하게 하다, 당황 · strengthen : 강하게 하다, 튼튼해지다
· uphold : 붙들다, 떠받치다, 유지하다 · righteous : 의로운, 올바른

43:1 But now, / this is / what the LORD says– /
(T138) **밧** **나**–우 디스 이즈 **왓** 더 **로**–ㄹㄷ **쌔**–즈

he / who created you, / O Jacob, / he
히 **후** 크뢰**에**–릿 쥬 오 **제**–이컵 히

who formed you, / O Israel: / "Fear not, /
후 **훠**–ㄹㅁ쥬 오 **이**–즈레오 **휘**–어ㄹ **낫**

for I have redeemed you; / I have
휠 아이 **해**–ㅂ 뢰**딤**–쥬 아이 **해**–ㅂ

summoned you by name; / you are mine. //
써–몬쥬 바이 **네**–임 유 알 **마**–인

[개역개정] 야곱아 너를 창조하신 여호와께서 지금 말씀하시느니라 이스라엘아 너를 지으신 이가 말씀하시느니라 너는 두려워하지 말라 내가 너를 구속하였고 내가 너를 지명하여 불렀나니 너는 내 것이라

44:6 "This is what the LORD says /–Israel's King /
(T139) 디스 이즈 **왓** 더 **로**–ㄹㄷ **쌔**–즈 **이**–즈레오즈 **킹**

and Redeemer, / the LORD Almighty: /
앤 뢰**딤**–머ㄹ 더 **로**–ㄹㄷ **오**–마이리

I am the first / and I am the last; /
아이 앰 더 **훠**–ㄹ스ㅌ 앤 아이 앰 더 **라**–스ㅌ

apart from me / there is no God. //
어**파**–ㄹㅌ 후럼 미 데어ㄹ 이즈 **노** **갇**

[개역개정] 이스라엘의 왕인 여호와, 이스라엘의 구원자인 만군의 여호와가 이같이 말하노라 나는 처음이요 나는 마지막이라 나 외에 다른 신이 없느니라

43:1 But now, this is what the LORD says–
부사 S V 명사절
그러나 지금 여호와께서 말씀하신 것은 이러하다
he who created you, O Jacob, he who formed you,
S 형용사절 호칭 S 형용사절
너를 창조하신 분이 여호와이시고, 야곱아, 너를 지으신 이가 여호와이시다.
O Israel: "Fear not, for I have redeemed you;
호칭 V S V O
이스라엘아, 두려워하지 말라. 내가 너를 구속하였고,
I have summoned you by name; you are mine.
S V O 부사구 S V C
내가 네 이름을 불렀으니, 너는 내 것이다.

[직독직해] 그러나 지금 여호와께서 말씀하신 것은 이러하다.– 야곱아, 너를 창조하신 분이 여호와이시고, 이스라엘아, 너를 지으신 이가 여호와이시다. 두려워하지 말라. 내가 너를 구속하였고, 내가 네 이름을 불렀으니, 너는 내 것이다.

[문법설명] he가 여호와이시고, [you by name]=>your name이다.

44:6 "This is what the LORD says–Israel's King and
S V C 동격
이는 이스라엘의 왕인 여호와,
Redeemer, the LORD Almighty: I am the first and
동격 동격 S V C
구원자인 만군의 여호와가 말씀하신 것이다. 나는 처음이요,
I am the last; apart from me there is no God.
S V C 부사구 V S
나는 마지막이다. 나 외에 다른 신이 없다.

[직독직해] 이는 이스라엘의 왕인 여호와, 이스라엘의 구원자인 만군의 여호와가 말씀하신 것이다. 나는 처음이요, 나는 마지막이다. 나 외에 다른 신이 없다.

[문법설명] [Israel's King, Redeemer, the LORD Almighty]는 모두 the LORD와 동격이다.

[Words & Phrases] 정확한 발음은 전자사전을 참고하시기를 바랍니다.

- create : 창조하다 · form : 형성하다, 만들어내다 · redeem : 구속하다
- summon : 부르다, 소집하다, 소환하다 · Redeemer 구속자
- Almighty : 전능하신 · apart from : 제외하고

53:5 But he was pierced / for our
(T140) 밧 히 워즈 **피**-ㄹ어스ㄷ 훨 아워ㄹ
transgressions, / he was crushed / for
트랜스그**레**-션즈 히 워즈 크**라**-쉬ㅌ 훨
our iniquities; / the punishment / that
아워ㄹ 이**니**-쿼디즈 더 퍼**니**-쉬멘 댓
brought us peace / was upon him, /
브**라**-ㅌ 아스 **피**-스 워즈 어**판**- 힘
and by his wounds / we are healed. //
앤 바이 히즈 **운**-즈 위 알 **히**-어ㄷ

[개역개정] 그는 멸시를 받아 사람들에게 버림 받았으며 간고를 많이 겪었으며 질고를 아는 자라 마치 사람들이 그에게서 얼굴을 가리는 것 같이 멸시를 당하였고 우리도 그를 귀히 여기지 아니하였도다

55:9 "As the heavens are higher than the earth /
(T141) 애즈 더 **헤**-븐스 알 **하**-이어ㄹ 댄 디 **어**-ㄹ스
so are my ways higher / than your ways /
쏘 알 마이 **웨**-이즈 **하**-이어ㄹ 댄 유얼 **웨**-이즈
and my thoughts / than your thoughts. //
앤 마이 **따**-츠 댄 유얼 **따**-츠

[개역개정] 이는 하늘이 땅보다 높음 같이 내 길은 너희의 길보다 높으며 내 생각은 너희의 생각보다 높으니라

53:5 But he was pierced for our transgressions,
S V 부사구
그는 찔림을 당했고, 우리의 죄 때문에

he was crushed for our iniquities;
S V 부사구
그는 무너졌고, 우리의 악행 때문에

the punishment that brought us peace
S 형용사절
우리에게 평안을 갖다 준 징계가

was upon him, and by his wounds we are healed.
V 부사구 부사구 S V
그에게 떨어졌고, 그의 상처에 의해 우리가 고침을 받았다.

[직독직해] 그는 우리의 죄 때문에 찔림을 당했고, 그는 우리의 악행 때문에 무너졌고, 우리에게 평안을 갖다 준 징계가 그에게 떨어졌고, 그의 상처에 의해 우리가 고침을 받았다.

[문법설명] 여기서 he, him은 여호와 즉 주님을 가리킨다.

55:9 "As the heavens are higher than the earth,
S V C1 C2
하늘이 땅보다 높음 같이,

so are my ways higher than your ways
V S1 C S2
내 길은 너희의 길보다 높고,

and my thoughts than your thoughts.
S1 S2
내 생각은 너희의 생각보다 높다.

[직독직해] 하늘이 땅보다 높음 같이, 내 길은 너희의 길보다 높고, 내 생각은 너희의 생각보다 높다.

[문법설명] As A, so B : A처럼 B하다.
[my thoughts (are higher) than your thoughts]에서 (are higher)가 생략되었다. [비교급 than] : ~보다 더

[Words & Phrases] 정확한 발음은 전자사전을 참고하시기를 바랍니다.
· be pierced : 찔림을 당하다 · transgression : 죄, 위반 · iniquity : 죄악
· be crushed : 무너지다 · punishment : 징계, 벌 · peace : 평강, 평화
· wound : 상처, 부상 · heal : 고치다, 치료하다 · thought : 생각, 사상

59:1 Surely the arm of the LORD is not too short /
(T142) 슈-얼리 디 아-ㄹ옵 더 로-ㄹㄷ 이즈 낫 투 쇼-ㄹㅌ
to save, / nor his ear too dull / to hear. //
투 쎄-이ㅂ 노아ㄹ 히즈 이-얼 투 더- 투 히-어ㄹ

[개역개정] 여호와의 손이 짧아 구원하지 못하심도 아니요 귀가 둔하여 듣지 못하심도 아니라

59:2 But your iniquities have separated you / from
(T143) 밧 유얼 인에-쿼디스 해-ㅂ 쌔-퍼레-이팃 유 후럼
your God; / your sins have hidden his face /
유얼 갇 유얼 씬-즈 해-ㅂ 히-든 히즈 페-이스
from you, / so that he will not hear. //
후럼 유 쏘 댓 히 위어 낫 히-어ㄹ

[개역개정] 오직 너희 죄악이 너희와 너희 하나님 사이를 갈라 놓았고 너희 죄가 그의 얼굴을 가리어서 너희에게서 듣지 않으시게 함이니라

64:8 Yet, / O LORD, / you are our Father. //
(T144) 옛 오 로-ㄹㄷ 유 알 아-워ㄹ 화-더ㄹ
We are the clay, / you are the potter; /
위 알 더 클레-이 유 알 더 파-러ㄹ
we are / all the work of your hand. //
위 알 오- 더 워-ㄹㄱ 오뷰-어ㄹ 핸

[개역개정] 그러나 여호와여, 이제 주는 우리 아버지시니이다 우리는 진흙이요 주는 토기장이시니 우리는 다 주의 손으로 지으신 것이니이다

59:1 Surely the arm of the LORD is not too short to save,
부사 S V 부사구
분명히 여호와의 손이 짧아서 구원하지 못하심도 아니고,

nor his ear [too] dull [to] hear.
S 부사구
귀가 둔하여 듣지 못하심도 아니다.

[직독직해] 분명히 여호와의 손이 짧아 구원하지 못하심도 아니고, 귀가 둔하여 듣지 못하심도 아니다.

[문법설명] [too ~ to]는 [너무 ~ 해서 ~ 할 수 없다.]

59:2 But your iniquities have separated you from your God;
S V O 부사구
오직 너희 죄악이 너희와 너희 하나님 사이를 갈라놓았고,

your sins have hidden his face from you, so that
S V O 부사구 접속사
너희 죄가 그의 얼굴을 가리어서

he will not hear.
S V
그분께서 듣지 않으실 뿐이다.

[직독직해] 오직 너희 죄악이 너희와 너희 하나님 사이를 갈라놓았고, 너희 죄가 그의 얼굴을 가리어서 그분께서 듣지 않으실 뿐이다.

64:8 Yet, O LORD, you are our Father. We are the clay,
호격 S V C S V C
그러나 여호와여, 주님은 우리 아버지십니다. 우리는 진흙이요

you are the potter; we are all the work of your hand.
S V C S V C
주님은 토기장이십니다. 우리는 다 주님의 손으로 지으신 것입니다.

[직독직해] 그러나 여호와여, 주님은 우리 아버지십니다. 우리는 진흙이요 주님은 토기장이십니다. 우리는 다 주님의 손으로 지으신 것입니다.

[Words & Phrases] 정확한 발음은 전자사전을 참고하시기를 바랍니다.

· surely : 분명히 · dull : 둔한 · iniquity : 죄악 · separate : 갈라놓다
· hide-hid-hidden : 가리다, 숨기다 · so that : 그래서 · clay : 진흙
· potter : 토기장이

Jeremiah(예레미야 5절)

10:10 But the LORD is the true God; / he is
(T145) 밧 더 로-ㄹㄷ 이즈 더 추루- 갇 히 이즈

the living God, / the eternal King. /
더 리-빙 갇 더 이-터너 킹

When he is angry, / the earth trembles; /
웬 히 이즈 앵-그리 디 어-ㄹ스 추렘-블스

the nations cannot endure his wrath. //
더 네-이션스 캐낫 인듀-어ㄹ 히즈 뢔-스

[개역개정] 오직 여호와는 참 하나님이시요 살아 계신 하나님이시오 영원한 왕이시라 그 진노하심에 땅이 진동하며 그 분노하심을 이방이 능히 당하지 못하느니라

17:8 He will be like a tree / planted / by the
(T146) 히 위어 비 라-이꺼 추리- 플랜-팃 바이 더

water / that sends out its roots / by the
워-러ㄹ 댓 쎈-자-웃 잇즈 루-츠 바이 더

stream. // It does not fear / when heat
스추림- 잇 더즈 낫 휘-어ㄹ 웬 히-ㅌ

comes; / its leaves are always green. //
캄-스 잇쯔 리-브스 알 오-웨이스 그린-

It has no worries / in a year of drought /
잇 해즈 노 워-리스 이너 이-어러 드라-웃

and never fails to bear fruit." //
앤 네-버ㄹ 훼-일스 투 베-어ㄹ후루-ㅌ

[개역개정] 그는 물가에 심어진 나무가 그 뿌리를 강변에 뻗치고 더위가 올지라도 두려워하지 아니하며 그 잎이 청청하며 가무는 해에도 걱정이 없고 결실이 그치지 아니함 같으리라

Jeremiah(예레미야)

10:10 But the LORD is the true God; he is the living God,
S V C S V C
오직 여호와만이 참 하나님이시며, 살아 계신 하나님,

the eternal King. When he is angry, the earth
동격 부사절 S
영원한 왕이십니다. 그분이 진노하시면 땅이

trembles; the nations cannot endure his wrath.
V S V O
진동하며, 이방이 그 분노를 감당할 수 없습니다.

[직독직해] 오직 여호와만이 참 하나님이시며, 살아 계신 하나님, 영원한 왕이십니다. 그분이 진노하시면 땅이 진동하며, 이방이 그 분노를 감당할 수 없습니다.

[문법설명] [When he is angry]부사절은 두 문장에 다 걸린다.

17:8 He will be like a tree planted by the water that
S V C P.P 부사구 관계사
그는 그 물가에 심어진 나무와 같다.

sends out its roots by the stream. It does not fear
V O 부사구 S V
뿌리를 강변에 뻗치고 있는 그 나무는 두려워하지 아니하고,

when heat comes; its leaves are always green.
부사절 S V C
날씨가 더워도 그 잎이 항상 푸르다.

It has no worries in a year of drought and
S V O 부사구
가무는 해에도 걱정이 없고

never fails to bear fruit."
V O O'
열매를 항상 맺는다.

[직독직해] 그는 그 뿌리를 강변에 뻗치고 있는 물가에 심어진 나무와 같다. 날씨가 더워도 그 나무는 두려워하지 아니하고, 그 잎이 항상 푸르다. 가무는 해에도 걱정이 없고 열매를 항상 맺는다.

[문법설명] that(and it)은 관계대명사로 계속적 용법이다. it는 나무

[Words & Phrases] 정확한 발음은 전자사전을 참고하시기를 바랍니다.

· eternal : 영원한 · tremble : 진동하다 · endure : 참다 · wrath : 분노
· planted : 심어진 · send out : 뻗어나가다 · root : 뿌리 · heat : 더위
· by the stream : 냇가 · of drought : 가문 · never fail to bear : 항상 맺다

29:11 For I know the plans / I have for you," /
(T147) 훨 아이 **노**-우 더 플**랜**-스 아이 **해**-ㅂ 훠**류**-

declares the LORD, / "plans / to prosper
디클**레**-어ㄹ즈 더 **로**-ㄹㄷ 플**랜**-스 투 프**라**-스퍼ㄹ

you and / not to harm you, / plans / to
유 앤 **낫** 투 **하**-ㄹㅁ 유 플**랜**-스 투

give you hope and a future. //
기-뷰 **호**-웁 애너 **휴**-춰ㄹ

[개역개정] 여호와의 말씀이니라 너희를 향한 나의 생각을 내가 아나니 평안이요 재앙이 아니니라 너희에게 미래와 희망을 주는 것이니라

29:12 Then you will call upon me / and come /
(T148) 덴 유 위어 **코**- **오**-폰 미 앤 **캄**

and pray to me, / and I will listen to you. //
앤 프**레**-이 투 미 앤 아이위어 **릿**-슨 투 유

[개역개정] 너희가 내게 부르짖으며 내게 와서 기도하면 내가 너희들의 기도를 들을 것이요

29:13 You will seek me / and find me / when
(T149) 유 위어 **씩** 미 앤 **화**-인 미 **웬**

you seek me / with all your heart.
유 **씩** 미 윋 **오**- 유얼 **하**-ㄹㅌ

[개역개정] 너희가 온 마음으로 나를 구하면 나를 찾을 것이요 나를 만나리라

29:11 For I know the plans I have for you," declares
S V O 형용사절 V
너희를 위해 내가 세운 계획을 내가 알고 있다. 선포하신다.

the LORD, "plans to prosper you and not to harm
S O1 형용사구1 형용사구2
여호와께서 "너를 융성하게 하고, 너에게 해를 주지 않는 계획,

you, plans to give you hope and a future.
O2 형용사구 IO' DO'
너에게 희망과 미래를 줄 계획을

[직독직해] 너희를 위해 내가 세운 계획을 내가 알고 있다. "너를 융성하게 하고, 너에게 해를 주지 않는 계획, 너에게 희망과 미래를 줄 계획을 여호와께서 선포하신다.

[문법설명] declare의 목적어가 2개 plans가 있고, [to prosper], [not to harm], [to give]는 모두 부정사로 그 앞의 명사를 수식한다. to부정사의 부정은 to앞에 not을 쓴다.

29:12 Then you will call upon me and come and pray
부사 S V1 부사구 V2
너희가 내게 부르짖으며 와서 기도하면

to me, and I will listen to you.
부사구 S V 부사구
내게 내가 너희들의 기도를 들을 것이

[직독직해] 너희가 내게 부르짖으며 내게 와서 기도하면 내가 너희들의 기도를 들을 것이다.

29:13 You will seek me and find me when you seek me
S V1 O V2 O 부사절
너희가 나를 찾고, 나를 만날 것이다. 너희가 나를 찾으면

with all your heart.
부사구
온 마음으로

[직독직해] 너희가 온 마음으로 나를 찾으면 나를 찾을 것이고, 나를 만날 것이다.

[Words & Phrases] 정확한 발음은 전자사전을 참고하시기를 바랍니다.
· plan : 계획, 계획하다 · prosper : 융성하게 하다 · harm : 해롭게 하다
· future : 미래 · declare : 선포하다, 신고하다 · pray : 기도하다
· seek : 찾다 · call : 부르짖다 · with all your heart : 온 마음으로

Lamentations(예레미야애가 2절)

2:18 The hearts of the people cry out / to the
(T150) 더 **하**-ㄹ츠옵 더 **피**-프 크**롸**-이아웃 투 더
Lord. // O wall of the Daughter of Zion, /
로-ㄹㄷ 오 **워**-롭 더 **다**-러럽 **자**-이언
let your tears flow / like a river / day and
렛 유어ㄹ**티**-어ㄹ스**화**-로우 **라**-이꺼 **뤼**-버ㄹ **데**-이 앤
night; / give yourself no relief, / your eyes /
나-잇 **기**-ㅂ 유어**쎄**-업 **노** 뤼**리**-흐 유어ㄹ **아**-이즈
no rest. //
노 레-스ㅌ

[개역개정] 그들의 마음이 주를 향하여 부르짖기를 딸 시온의 성벽아 너는 밤낮으로 눈물을 강처럼 흘릴지어다 스스로 쉬지 말고 네 눈동자를 쉬게 하지 말지어다

3:33 For he does not willingly bring affliction /
(T151) 훨 히 더즈 **낫** 위**링**-글리 브**링**- 애흐**릭**-션
or grief / to the children of men. //
오 그**리**-흐 투 더 **췰**-드런 옵 **멘**

[개역개정] 주께서 인생으로 고생하게 하시며 근심하게 하심은 본심이 아니시로다

Lamentations(예레미야애가)

2:18 The hearts of the people cry out to the Lord.

S V 부사구

백성의 온 마음이 여호와께 부르짖는다.

O wall of the Daughter of Zion,

호칭

딸 시온의 성벽아,

let your tears flow like a river day and night;

V O OC 부사구 부사구

네 눈물을 강처럼 흘려라. 밤낮으로

give yourself no relief, your eyes no rest.

V IO DO S V

너 스스로 쉬지 말고, 네 눈을 쉬게 하지 말라.

[직독직해] 백성의 온 마음이 여호와께 부르짖는다. 딸 시온의 성벽아, 밤낮으로 네 눈물을 강처럼 흘려라. 너 스스로 쉬지 말고 네 눈을 쉬게 하지 말라.

[문법설명] [the Daughter of Zion]은 이스라엘을 가리킨다.
[let your tears flow]은 5형식으로 flow는 원형부정사로 목적격 보어로 쓰였다.

3:33 For he does not willingly bring

S V

주께서 기꺼이 가져다주시지 않으신다.

affliction or grief to the children of men.

O 부사구

고통이나 슬픔을 백성에게

[직독직해] 주께서 백성에게 고통이나 슬픔을 기꺼이 가져다주시지 않으신다.

[문법설명] [the children of men]은 이스라엘 백성을 가리킨다.
He는 여호와 주를 가리킨다.

[Words & Phrases] 정확한 발음은 전자사전을 참고하시기를 바랍니다.

· cry out : 부르짖다, 소리치다 · tear : 눈물 · flow : 흐르다 · river : 강
· wall of the Daughter of Zion : 시온 딸의 성 · relief : 위안, 휴식, 구원
· rest : 쉬다, 휴식 · willingly : 기꺼이 · affliction : 고통, 고뇌, 재해
· grief : 슬픔 · the children of men : 백성

Ezekiel(에스겔 2절)

14:11 Then / the people of Israel / will no longer
(T152) **덴** 더 **피**-쁠 옵**이**-즈라에 위어 **노** **롱**-거ㄹ

stray / from me, / nor will they defile
스추**레**-이 후럼 미 **노**-아 위어 데-이 디**화**-어

themselves anymore / with all their sins. //
뎀쎄-어ㅂ스 에니**모**-아 윋 오 데어ㄹ **씬**-스

They will be my people, / and I will be their
데-이 위어 비 마이 **피**-쁠 앤 아이위어 비 데어

God, / declares the Sovereign LORD.'" //
갇 디클**레**-어ㄹ스 더 **싸**-버ㄹ린 **로**-ㄹㄷ

[개역개정] 이는 이스라엘 족속이 다시는 미혹되어 나를 떠나지 아니하게 하며 다시는 모든 죄로 스스로 더럽히지 아니하게 하여 그들을 내 백성으로 삼고 나는 그들의 하나님이 되려 함이라 주 여호와의 말씀이니라

37:5 This is what the Sovereign LORD says /
(T153) 디스 이즈 **왓** 더 **싸**-버ㄹ린 **로**-ㄹㄷ **쌔**-즈

to these bones: / I will make breath /
투 디-즈 **본**-스 아이위어 **메**-익 브**레**-스

enter you, / and you will come / to life. //
엔-터ㄹ 유 앤 유 위어 **캄** 투**라**-이흐

[개역개정] 주 여호와께서 이 뼈들에게 이같이 말씀하시기를 내가 생기를 너희에게 들어가게 하리니 너희가 살아나리라

Ezekiel(에스겔)

14:11 Then the people of Israel will no longer stray
S 부사 V
그때 이스라엘 백성이 더 이상 나를 저버리지 않을 것이며
from me, nor will they defile themselves anymore
부사구 S V O 부사
또는 그들은 더 이상 스스로 더럽히지 않을 것이다.
with all their sins. They will be my people, and
부사구 S V C
모든 죄로 그들은 내 백성이 될 것이며,
I will be their God, declares the Sovereign LORD.'"
S V C V S
나는 그들의 하나님이 될 것이라고 주 여호와께서 선포하십니다.

[직독직해] 그때 이스라엘 백성이 더 이상 나를 저버리지 않을 것이며 또는 그들은 더 이상 모든 죄로 스스로 더럽히지 않을 것이다. 그들은 내 백성이 될 것이며, 나는 그들의 하나님이 될 것이라고 주 여호와께서 선포하십니다.

[문법설명] [no longer=no anymore]은 더 이상 ~ 아니다.

37:5 This is [what the Sovereign LORD says
S V S V
이는 주 여호와께서 말씀하신 것이다.
to these bones]: I will make breath enter you,
부사구 S V O OC O'
이 뼈들에게 내가 너희에게 생기를 불어 넣어주면
and you will come to life.
S V 부사구
너희가 살아날 것이다.

[직독직해] 이는 주 여호와께서 이 뼈들에게 말씀하신 것이다. 내가 너희에게 생기를 불어 넣어주면 너희가 살아날 것이다.

[문법설명] [ ]의 what은 선행사를 포함한 관계대명사로 명사절을 이끈다. enter는 5형식에서 목적격보어로 원형부정사이다.

[Words & Phrases] 정확한 발음은 전자사전을 참고하시기를 바랍니다.
· no longer : 더 이상 ~ 아니다 · no anymore : 더 이상 ~ 아니다
· stray : 저버리다, 벗어나다 · defile : 더럽히다, 모독하다 · sin : 죄
· declare : 선포하다, 신고하다 · the Sovereign LORD : 주 여호와
· bone : 뼈 · breath : 생기, 호흡 · enter : 불어넣다, 들어가다
· come to life : 살아나다

Daniel(다니엘 2절)

2:23 I thank and praise you, / O God of my
(T154)아이 땡-ㅋ 앤 프레-이쥬 오 갇 옵 마이
fathers: / You have given me wisdom and
화-더ㄹ스 유 해-ㅂ 기-븐 미 위-즈덤 앤
power, / you have made known / to me
파-워ㄹ 유 해-ㅂ 메-이ㄷ 노-운 투 미
what we asked of you, / you have made
왓 위 애-스크ㅌ 오뷰 유 해-ㅂ 메-이ㄷ
known / to us the dream of the king." //
노-운 투 아스 더 쥬림- 옵 더 킹

[개역개정] 나의 조상들의 하나님이여 주께서 이제 내게 지혜와 능력을 주시고 우리가 주께 구한 것을 내게 알게 하셨사오니 내가 주께 감사하고 주를 찬양하나이다 곧 주께서 왕의 그 일을 내게 보이셨나이다 하니라

12:10 Many will be purified, / made spotless and
(T155) 메-니 위어 비 퓨-러화이ㄷ 메-이ㄷ 스빠-ㅌ레스 앤
refined, / but the wicked will continue to be
뢰화-인ㄷ 밧 더 윅-끼ㄷ 위어 칸티-뉴 투 비
wicked. / None of the wicked will understand,/
윅-끼ㄷ 논 옵 더 윅-끼ㄷ 위어 언-더ㄹ스땐
but those / who are wise / will understand. //
밧 도-우즈 후 알 와-이즈 위어 언-더ㄹ스땐

[개역개정] 많은 사람이 연단을 받아 스스로 정결하게 하며 희게 할 것이나 악한 사람은 악을 행하리니 악한 자는 아무것도 깨닫지 못하되 오직 지혜 있는 자는 깨달으리라

Daniel(다니엘 2절)

2:23 I thank and praise you, O God of my fathers:

S V O 호격

주께 감사와 찬양을 드립니다. 나의 조상들의 하나님이여

You have given me wisdom and power, you

S V IO DO S

주께서 나에게 지혜와 능력을 주시고,

have made known to me what we asked of you,

V 부사구 O(명사절)

주께서는 우리가 주께 구한 것을 내게 알게 하셨고,

you have made known to us the dream of the king."

S V 부사구 O

주께서 왕의 꿈을 우리에게 알게 하셨습니다.

[직독직해] 나의 조상들의 하나님이여 주께 감사와 찬양을 드립니다. 주께서 나에게 지혜와 능력을 주시고, 주께서는 우리가 주께 구한 것을 내게 알게 하셨고, 주께서 왕의 꿈을 우리에게 알게 하셨습니다.

[문법설명] 여기서 dream은 왕이 하고자하는 일을 뜻한다.

12:10 Many will be purified, made spotless and refined,

S V1 V2 C

많은 사람이 깨끗해지고, 흠이 없어지고, 정화될 것이다.

but the wicked will continue to be wicked.

S V O C

그러나 악한 사람은 계속 악해질 것이다.

None of the wicked will understand,

S V

악한 자는 아무것도 깨닫지 못하나

but those who are wise will understand.

S 형용사절 V

지혜 있는 자만이 깨달을 것이다.

[직독직해] 많은 사람이 깨끗해지고, 흠이 없어지고, 정화될 것이다. 그러나 악한 사람은 계속 악해질 것이다. 악한 자는 아무것도 깨닫지 못하나 지혜 있는 자만이 깨달을 것이다.

[문법설명] [(will be) made spotless and refined]에서 (will be)가 생략되었다. [the + 형용사] => [복수명사], but=only

[Words & Phrases] 정확한 발음은 전자사전을 참고하시기를 바랍니다.

- praise : 찬양하다, 찬양 · wisdom : 지혜 · purify : 깨끗하게 하다
- spotless : 흠이 없는 · refine : 정화하다 · the wicked : 악인들
- wicked : 악한 · continue : 계속하다 · understand : 깨닫다

Hosea(호세아 1절)

6:6 For I desire mercy, / not sacrifice, / and
(T156) 훠 아이디**자**-이어ㄹ**머**-ㄹ시 **낫** **쌔**-크리화-이스 앤

acknowledgment of God / rather than
액**날**-우레쥐멘 옵 **갇** **뢔**-더ㄹ 댄

burnt offerings. //
버-ㄹㄴ **아**-훠링스

[개역개정] 나는 인애를 원하고 제사를 원하지 아니하며 번제보다 하나님을 아는 것을 원하노라

Joel(요엘 1절)

2:13 Rend your heart / and not your garments.
(T157) **렌**-쥬어ㄹ **하**-ㄹㅌ 앤 **낫** 유어ㄹ **가**-ㄹ멘츠

Return / to the LORD your God, / for he
뢰**터**-ㄹㄴ 투 더 **로**-ㄹ쥬어ㄹ **갇** 훠 히

is gracious / and compassionate, / slow to
이즈 그**레**-이셔스 앤 컴**패**-션네잇 슬**로**-우 투

anger / and abounding / in love, / and he
앵-거ㄹ 앤 어**바**-운딩 인 **러**-ㅂ 앤 히

relents / from sending calamity /
륄**렌**-츠 후럼 **쎈**-딩 클**레**-메디

[개역개정] 너희는 옷을 찢지 말고 마음을 찢고 너희 하나님 여호와께로 돌아올지어다 그는 은혜로우시며 자비로우시며 노하기를 더디하시며 인애가 크시사 뜻을 돌이켜 재앙을 내리지 아니하시나니

Hosea(호세아)

6:6 For I desire mercy, not sacrifice, and
S V O1 O2
나는 제사가 아니라 사랑을 원한다.

acknowledgment of God rather than burnt offerings.
O3 O4
하나님을 아는 것을 원한다. 번제보다는

[직독직해] 나는 제사가 아니라 사랑을 원한다. 번제보다는 하나님을 아는 것을 원한다.

[문법설명] [(I desire) acknowledgment of God]에서 (I desire)가 생략되었다. 여기서 I는 하나님이시다.

Joel(요엘)

2:13 Rend your heart and not your garments. Return
V O1 O2 V
네 마음을 찢어라. 네 옷을 찢지 말고, 돌아오라.

to the LORD your God, for he is gracious and
부사구 S V C1
너희 하나님 여호와께로 그분은 은혜로우시며,

compassionate, slow to anger and abounding
C2 C3 부사구 C4
자비로우시며, 노하기를 더디 하시며, 많으시며,

in love, and he relents from sending calamity
부사구 S V 부사구 O'
사랑이 그분은 재앙을 내리기를 주저하신다.

[직독직해] 네 옷을 찢지 말고, 네 마음을 찢어라. 너희 하나님 여호와께로 돌아오라. 그분은 은혜로우시며, 자비로우시며, 노하기를 더디 하시며, 사랑이 많으시며, 재앙을 내리기를 주저하신다.

[문법설명] [is slow to anger]에서 [to anger]는 부사적 용법에서 형용사수식이고, [is bounding]에서 bounding은 풍부한

[Words & Phrases] 정확한 발음은 전자사전을 참고하시기를 바랍니다.
· desire : 원하다, 욕망 · mercy : 사랑, 자비 · sacrifice : 제사, 희생
· acknowledgement : 인지 · burnt offering : 번제 · rend : 찢다, 깨다
· garment : 옷, 외투 · gracious : 은혜로운 · compassionate : 자비로운
· anger : 화내다, 노여움 · abounding : 풍부한 · relent : 느긋하다
· calamity : 재앙 · slow : 더딘, 느린

Amos(아모스 1절)

4:13 He who forms the mountains, / creates
(T158) 히 후 훠-ㄹㅁ스 더 마-운은스 크뢰-에이츠

the wind, / and reveals his thoughts /
더 윈ㄷ 앤 뢰비-어스 히즈 또-츠

to man, / he / who turns dawn / to
투 맨 히 후 터-ㄹㄴ스 도-운 투

darkness, / and treads the high places
다-ㄹ크네스 앤 트레-즈 더 하-이 플레-이씨스

of the earth- / the LORD God Almighty /
옵 디 어-ㄹ스 더 로-ㄹㄷ 갇 오-마이리

is his name. //
이즈 히즈 네-임

[개역개정] 보라 산들을 지으며 바람을 창조하며 자기 뜻을 사람에게 보이며 아침을 어둡게 하며 땅의 높은 데를 밟는 이는 그의 이름이 만군의 하나님 여호와시니라

Obadiah(오바댜 1절)

1:4 Though you soar / like the eagle / and
(T159) 도-우 유 쏘-ㄹ 라-익 디 이-그 앤

make your nest / among the stars, /
메-이뀨어ㄹ 네-스ㅌ 어몽- 더 스따-ㄹ스

from there / I will bring you down," /
후럼 데-어ㄹ 아이워어 브링- 유 다-운

declares the LORD. //
디클레-어ㄹ스 더 로-ㄹㄷ

[개역개정] 네가 독수리처럼 높이 오르며 별 사이에 깃들일지라도 내가 거기에서 너를 끌어내리리라 여호와의 말씀이니라

Amos(아모스)

4:13 He who forms the mountains, creates the wind,

S 형용사절1 형용사절2

산들을 지으며, 바람을 창조하며,

and reveals his thoughts to man,

형용사절3

자기 뜻을 사람에게 보이는 분,

he who turns dawn to darkness, and

S 형용사절1

아침을 어둡게 하며,

treads the high places of the earth-

형용사절2

땅의 높은 데를 밟는 분.

the LORD God Almighty is his name.

C V S

그의 이름이 만군의 하나님 여호와시니라.

[직독직해] 산들을 지으며, 바람을 창조하며, 자기 뜻을 사람에게 보이며, 아침을 어둡게 하며, 땅의 높은 데를 밟는 분. 그의 이름이 만군의 하나님 여호와시니라.

[문법설명] He와 his name은 동격이다.

Obadiah(오바댜)

1:4 Though you soar like the eagle and make your nest

접속사 S V1 부사구 V2 O

네가 독수리처럼 높이 오르며, 깃들일지라도

among the stars, from there I will bring you down,"

부사구 부사구 S V O 부사

별 사이에 내가 거기에서 너를 끌어내리겠다."

declares the LORD.

V S

여호와께서 말씀하신다.

[직독직해] 네가 독수리처럼 높이 오르며, 별 사이에 깃들일지라도 내가 거기에서 너를 끌어내리겠다." 여호와께서 말씀하신다.

[Words & Phrases] 정확한 발음은 전자사전을 참고하시기를 바랍니다.

· form : 형성하다, 만들다 · mountain : 산 · create : 창조하다, 만들다
· wind : 바람 · reveal : 보이다, 나타내다 · thought : 생각, 사상
· turn down : 바꾸다 · dawn : 새벽, 아침 · darkness : 밤, 어두움
· tread : 밟다, 억압하다 · soar : 솟아오르다 · eagle : 독수리
· nest : 보금자리 · bring down : 끌어내리다

Jonah(요나 1절)

3:10 When God saw what they did / and how
(T160) 웬 갇 쏘-우 왓 데이 딛 앤 하-우

they turned / from their evil ways, / he
데이 터-ㄹㄴㄷ 후럼 데어ㄹ 이-브 웨-이즈 히

had compassion / and did not bring upon
핸 콤패-션 앤 딛 낫 브링- 오-폰

them the destruction / he had threatened. //
뎀 더 디스투락-션 히 핻 드레-든ㄷ

[개역개정] 하나님이 그들이 행한 것 곧 그 악한 길에서 돌이켜 떠난 것을 보시고 하나님이 뜻을 돌이키사 그들에게 내리리라 고 말씀하신 재앙을 내리지 아니하시니라

Micah(미가 1절)

5:2 "But you, / Bethlehem Ephrathah, / though
(T161) 밧 쮸 베-드레 햄 에-흐라다 도-우

you are small / among the clans of Judah, /
유 알 스모- 어몽 더 클랜-좁 쥬-다

out of you will come for me / one / who
아-우러뷰 위어 캄 훨 미 원 후

will be ruler / over Israel, / whose origins /
위어 비 루-러ㄹ 오-우버ㄹ이-즈라에 후-즈 오-어진스

are from of old, / from ancient times." //
알 후럼 옵 올-ㄷ 후럼 에-이션ㅌ 타-임스

[개역개정] 베들레헴 에브라다야 너는 유다 족속 중에 작을지라도 이스라엘을 다스릴 자가 네게서 내게로 나올 것이라 그의 근본은 상고에, 영원에 있느니라

Jonah(요나)

3:10 When God saw what they did and how they turned

접속사 S V 명사절1 명사절2

하나님이 그들이 행한 것과 그들이 어떻게 돌이켜 떠난 지를 보았을 때

from their evil ways, he had compassion and did not

부사구 S V1 O

그 악한 길에서 하나님은 불쌍히 여기시고

bring upon them the destruction he had threatened.

V2 부사구 O 형용사절

그가 위협했던 재앙을 그들에게 내리지 않으셨습니다.

[직독직해] 하나님이 그들이 행한 것과 그 악한 길에서 그들이 어떻게 돌이켜 떠난 지를 보았을 때, 하나님은 불쌍히 여기시고, 그가 위협했던 재앙을 그들에게 내리지 않으셨습니다.

[문법설명] 형용사절의 선행사는 the destruction이고, that 생략

Micah(미가)

5:2 "But you, Bethlehem Ephrathah, though you are small

S 호칭 접속사 S V C

그러나 베들레헴 에브라다야, 너는 작지만,

among the clans of Judah, out of you will come

부사구 부사구 V

유다 족속 중에 네게서 나올 것이다.

for me one who will be ruler over Israel, whose origins

부사구 S 형용사절 부사구 S

나를 위해 이스라엘을 다스릴 자가 그의 근본은

are from of old, from ancient times."

V 부사구 부사구

오래전부터, 태초부터 이다.

[직독직해] 그러나 베들레헴 에브라다야, 너는 유다 족속 중에 작지만, 이스라엘을 다스릴 자가 네게서 나를 위해 나올 것이다. 그의 근본은 오래전부터, 태초부터 이다.

[문법설명] [out of you]부사구가 도치되어 주어와 동사의 어순이 바뀌었다. whose는 ruler를 가리킨다. me는 여호와이시다.

[Words & Phrases] 정확한 발음은 전자사전을 참고하시기를 바랍니다.

· turn from : 돌아서 떠나다 · have compassion : 불상이 여기다
· destruction : 재앙, 파괴 · threaten : 위협하다 · clan : 족속, 씨족, 파벌
· ruler : 통치자, 자 · origin : 기원, 근본 · ancient : 고대의
· compassion : 동정, 불상히 여김

Nahum(나훔 1절)

1:3 The LORD is slow to anger / and great
(T162) 더 로-ㄹㄷ이즈 슬로-우 투 앵-거ㄹ 앤 그레-잇

in power; / the LORD will not leave the
인 파-워ㄹ 더 로-ㄹㄷ 위어 낫 리-ㅂ 더

guilty unpunished. // His way is / in the
기-어디 언퍼-니수ㅌ 히즈 웨-이이즈 인 더

whirlwind and the storm, / and clouds are
워-러윈 앤 더 스또-ㄹㅁ 앤 클라-우즈 알

the dust of his feet. //
더 다-스똡 히즈 휘-ㅌ

[개역개정] 여호와는 노하기를 더디하시며 권능이 크시며 벌 받을 자를 결코 내버려두지 아니하시느니라 여호와의 길은 회오리바람과 광풍에 있고 구름은 그의 발의 티끌이로다

Habakkuk(하박국 1절)

3:18 yet I will rejoice / in the LORD, / I will
(T163) 옛 아이위어 뢰죠-이스 인 더 로-ㄹㄷ 아이위어

be joyful / in God my Savior. //
비 죠-이흐 인 갇 마이쎄-이비어ㄹ

[개역개정] 나는 여호와로 말미암아 즐거워하며 나의 구원의 하나님으로 말미암아 기뻐하리로다

Nahum(나훔)

1:3 The LORD is slow to anger and great in power;
S V C1 부사구 C2 부사구
여호와는 노하기를 더디하시며, 권능이 크시며,

the LORD will not leave the guilty unpunished.
S V O OC
여호와는 죄를 벌하지 않은 채 내버려두지 아니하신다.

His way is in the whirlwind and the storm,
S V 부사구
여호와의 길은 회오리바람과 광풍에 있고,

and clouds are the dust of his feet.
S V 부사구
구름은 그의 발의 티끌이다.

[직독직해] 여호와는 노하기를 더디하시며, 권능이 크시며, 여호와는 죄를 벌하지 않은 채 내버려두지 아니하신다. 여호와의 길은 회오리바람과 광풍에 있고, 구름은 그의 발의 티끌이다.

[문법설명] [is slow to anger]에서 [to anger]는 부정사의 부사적 용법에서 형용사 slow를 수식한다.
[the LORD will not leave the guilty unpunished.]에서 unpunished는 과거분사로 목적격보어로 쓰였다.

Habakkuk(하박국)

3:18 yet I will rejoice in the LORD,
S V 부사구
그러나 나는 여호와 안에서 즐거워하며,

I will be joyful in God my Savior.
S V C 부사구
나는 나의 구원의 하나님 안에서 기뻐합니다.

[직독직해] 그러나 나는 여호와 안에서 즐거워하며, 나는 나의 구원의 하나님 안에서 기뻐합니다.

[문법설명] 여기서 I는 예언자 하박국이다.

[Words & Phrases] 정확한 발음은 전자사전을 참고하시기를 바랍니다.
· slow : 더딘, 느린 · anger : 화내다, 화 · power : 권능, 힘, 권력
· leave : 남기다, 떠나다 · guilty : 죄, 유죄의 · unpunished : 벌 받지 않는
· whirlwind : 회오리바람 · storm : 폭풍 · dust : 티끌, 먼지
· cloud : 구름 · rejoice : 기뻐하다 · joyful : 기쁜, 즐거운
· Savior : 구원자, 구세주, 구주

Zephaniah(스바냐 1절)

3:17 The LORD your God is with you, / he is
(T164) 더 **로**-ㄹ 쥬얼 **갇** 이즈 윋 유 히 이즈

mighty / to save. // He will take great
마-이리 투 **쎄**-이ㅂ 히 위어 **테**-익 그**레**-잇

delight / in you, / he will quiet you with his
딜**라**-잇 인 유 히 위어 **콰**-이엇 유 윋 히즈

love, / he will rejoice over you / with singing."
러-ㅂ 히 위어 뤼**죠**-이스 오**우**-버류 윋 **씽**-잉

[개역개정] 너의 하나님 여호와가 너의 가운데에 계시니 그는 구원을 베푸실 전능자이시라 그가 너로 말미암아 기쁨을 이기지 못하시며 너를 잠잠히 사랑하시며 너로 말미암아 즐거이 부르며 기뻐하시리라 하리라

Haggai(학개 1절)

1:8 Go up / into the mountains and bring
(T165)**고**-우**압** 인투 더 **마**-운은스 앤 브**링**-

down timber / and build the house, /
다-운 **팀**-버ㄹ 앤 **빌**-ㄷ 더 **하**-우스

so that / I may take pleasure / in it /
쏘 댓 아이 메이 **테**-익 플**레**-져ㄹ 인 잇

and be honored," / says the LORD. //
앤 비 **아**-너ㄹㄷ **쌔**-즈 더 **로**-ㄹㄷ

[개역개정] 너희는 산에 올라가서 나무를 가져다가 성전을 건축하라 그리하면 내가 그것으로 말미암아 기뻐하고 또 영광을 얻으리라 여호와가 말하였느니라

Zephaniah(스바냐)

3:17 The LORD your God is with you, he is mighty to save.
S V 부사구 S V C 부사구
너의 하나님 여호와가 너와 함께 계시니, 그분은 구원하실 만큼 전능하시다.

He will take great delight in you, he will quiet you
S V O 부사구 S V O
그가 네 안에서 큰 기쁨을 얻으시며, 그는 너를 잠잠하게 하시며,

with his love, he will rejoice over you with singing."
부사구 S V 부사구 부사구
주님의 사랑으로 너로 말미암아 노래를 부르며 기뻐하실 것이다.

[직독직해] 너의 하나님 여호와가 너와 함께 계시니, 그분은 구원하실 만큼 전능하시다. 그가 네 안에서 큰 기쁨을 얻으시며, 너를 주님의 사랑으로 잠잠하게 하시며, 너로 말미암아 노래를 부르며 기뻐하실 것이다.

Haggai(학개)

1:8 Go up into the mountains and bring down timber
V1 부사구 V2 O
너희는 산에 올라가서 나무를 가져다가

and build the house, so that I may take pleasure in it
V3 O S V1 O 부사구
성전을 건축하라. 그래서 내가 그것으로 기뻐하고

and be honored," says the LORD.
V2 V S
또 영광을 얻을 것이다. 여호와께서 말씀하신다.

[직독직해] 너희는 산에 올라가서 나무를 가져다가 성전을 건축하라. 그래서 내가 그것으로 기뻐하고 또 영광을 얻을 것이다. 여호와께서 말씀하신다.

[Words & Phrases] 정확한 발음은 전자사전을 참고하시기를 바랍니다.
· mighty : 전능한 · save : 구하다, 저축하다 · delight : 기쁨
· quiet : 잠잠하게 하다 · rejoice : 기뻐하다 · mountain : 산
· pleasure : 즐거움 · honor : 영광을 얻다, 존경하다, 영광

Zechariah(스가랴 1절)

8:17 do not plot evil / against your neighbor, /
(T166) 두 **낫** 플랏- **이**-브 어**겐**-스튜어ㄹ **네**-이버ㄹ

and do not love to swear falsely. //
앤 두 **낫** **러**-ㅂ 투 스**웨**-어ㄹ **훨**-슬리

I hate all this," / declares the LORD. //
아이**헤**-잇 오- 디스 디클**레**-어ㄹ스 더 **로**-ㄹㄷ

[개역개정] 마음에 서로 해하기를 도모하지 말며 거짓 맹세를 좋아 하지 말라 이 모든 일은 내가 미워하는 것이니라 여호와의 말이니라

Malachi(말라기 1절)

3:1 "See, I will send my messenger, / who will
(T167) **씨** 아이위어 **쎈** 마이 **메**-씬저ㄹ **후** 위어

prepare the way / before me. // Then
프리**페**-어ㄹ 더 **웨**-이 비**훠**-ㄹ 미 덴

suddenly the LORD / you are seeking /
썻-은리 더 **로**-ㄹㄷ 유 알 **씩**-낑

will come / to his temple; / the messenger
위어 **캄** 투 히즈 **템**-프 더 **메**-씬저ㄹ

of the covenant, / whom you desire, /
옵 더 **카**-비넨ㅌ **훔** 유 디**자**-이어ㄹ

will come," / says the LORD Almighty. //
위어 **캄** **쌔**-스 더 **로**-ㄹㄷ **오**-마이디

[개역개정] 만군의 여호와가 이르노라 보라 내가 내 사자를 보내리니 그가 내 앞에서 길을 준비할 것이요 또 너희가 구하는 바 주가 갑자기 그의 성전에 임하시리니 곧 너희가 사모하는 바 언약의 사자가 임하실 것이라

Zechariah(스가랴)

8:17 do not plot evil against your neighbor, and do not love
V O 부사구 V
네 이웃에게 해칠 생각을 하지 말라. 좋아하지 말라.
to swear falsely. I hate all this," declares the LORD.
O 부사 S V O V S
거짓 맹세를 나는 이 모든 것을 미워한다. 여호와는 선포하신다.

[직독직해] 네 이웃에게 해칠 생각을 하지 말라. 거짓 맹세를 좋아하지 말라. 나는 이 모든 것을 미워한다. 여호와는 선포하신다.

Malachi(말라기)

3:1 "See, I will send my messenger, who will prepare
V S V O V
보라. 내가 준비할 내 사자를 보내겠다.
the way before me. Then suddenly the Lord
O 부사구 부사 부사 S
내 앞에서 길을 여호와께서 그때 갑자기
you are seeking will come to his temple;
형용사절 V 부사구
네가 찾고 있었던 그의 성전에 임하실 것이다.
the messenger of the covenant, whom you desire,
S 형용사절
너희가 사모하는 언약의 사자가
will come," says the LORD Almighty.
V V S
이를 것이다." 라고 주 여호와께서 말씀하신다.

[직독직해] 보라. 내가 내 앞에서 길을 준비할 내 사자를 보내겠다. 네가 찾고 있었던 여호와께서 그때 갑자기 그의 성전에 임하실 것이다. 너희가 사모하는 언약의 사자가 이를 것이다." 라고 주 여호와께서 말씀하신다.

[문법설명] [you are seeking]형용사절의 선행사는 the LORD이고, 관계대명사 목적격 whom이 생략되었다.

[Words & Phrases] 정확한 발음은 전자사전을 참고하시기를 바랍니다.
· plot : 음모를 꾸미다, 음모 · evil : 악, 악행 · neighbor : 이웃 사람
· swear : 맹세하다 · falsely : 거짓으로 · hate : 미워하다
· send : 보내다 · messenger : 사자, 전달자 · prepare : 준비하다
· suddenly : 갑자기 · seek : 찾다, 구하다 · temple : 성전, 사원
· covenant : 언약, 계약 · desire : 바라다, 욕망 · almighty : 전능한, 전능자

(T168) The Lord's Prayer
더 **로**-ㄹ즈 프**레**-이어

Our Father / in heaven, / hallowed be your name, /
아월 **화**-더ㄹ 인 **헤**-븐 **해**-로우ㄷ 비 유얼 네임

your kingdom come, / your will be done /
유얼 **킹**-덤 **캄** 유얼 위어 비 **돈**

on earth / as it is in heaven. //
온 **어**-ㄹ스 애즈 이리즈 인 **헤**-븐

Give us today our daily bread. //
기-바스 투**데**-이 아월 **데**-일리 브**레**-ㄷ

Forgive us our debts, /
훨**기**-바스 아월 **뎃**-츠

as we also have forgiven our debtors. //
애즈 위 **올**-쏘 해ㅂ 훨기-븐 아월 **데**-로ㄹ즈

And lead us not / into temptation, /
앤 **리**-다스 **낫** 인투 템**테**-이션

but deliver us / from the evil one. //
밧 다**리**-버라스 후럼 디 **이**-브 원

For yours is the kingdom and the power /
훨 유얼즈 이즈 더 **킹**-덤 앤 더 **파**-워ㄹ

and the glory forever. Amen. // (Matthew 6:9-13)
앤더 글**로**-리 훠**에**-버ㄹ **에**-이멘

[개역개정] 하늘에 계신 우리 아버지여 이름이 거룩히 여김을 받으시오며 나라가 임하시오며 뜻이 하늘에서 이루어진 것 같이 땅에서도 이루어지이다 오늘 우리에게 일용할 양식을 주시옵고 우리가 우리에게 죄 지은 자를 사하여 준 것 같이 우리 죄를 사하여 주시옵고 우리를 시험에 들게 하지 마시옵고 다만 악에서 구하시옵소서 나라와 권세와 영광이 아버지께 영원히 있사옵나이다 아멘

The Lord's Prayer(Matthew 6:9-13)

Our Father in heaven, hallowed be your name,
호칭 형용사구 PP V S

your kingdom come, you will be done on earth
S V S V 부사구

as it is in heaven. Give us today our daily bread.
부사절 V IO 부사 DO

Forgive us our debts, as we also have forgiven
V IO DO S V

our debtors. And lead us not into temptation, but
O V O 부사구

deliver us from the evil one. For Yours is
V O 부사구 C V

the kingdom and the power and the glory forever, Amen.
S 부사

[Words & Phrases] 정확한 발음은 전자사전을 참고하시기를 바랍니다.

· hallow : 신성하게 하다, 거룩하게 하다 · forgive : 용서하다
· debt : 죄, 빚 · debtor : 죄지은 자, 채무자 · lead : 인도하다, 빠지다
· temptation : 시험, 유혹 · deliver : 구하다, 배달하다 · power : 권세, 힘
· glory : 영광 · forever : 영원히 · kingdom : 나라, 왕국 · daily : 매일

연음공식 33 훈련

한글과 영어는 소리글자이므로 자음과 모음이 어울려 소리 난다. 한글로 다른 나라들의 언어를 거의 표기할 수 있습니다.

영어를 한글로 표기해 보았다. 85%는 표기할 수 있었습니다. 영어를 완벽히 발음하기 위해서는 반드시 원어민 녹음 파일을 반복 연습하여야 한다.

영어발음에서 [ɵ], [ð], [f], [v], [r]등 몇 가지 발음은 한글로 표기가 어렵습니다.

[ɵ] => [ㄸ]

[ð]=> [ㄷ]

[f] => [ㅍㅎ], [ㅎ] : [f]음을 보통 [ㅍ]으로 표기하지만,
영어성경 요절 333에서는 [ㅎ]으로 표기하였다.

[v] => [ㅂㅎ], [뷔]

[r] => [(우)ㄹ], [뢰] 등으로 표기하였습니다.

한글로 발음 표기 중 굵은 글씨는 영어의 액센트를 나타낸다. 한글로 표기된 영어발음은 초기 연습으로 활용하고, 영어 문장의 원어민의 발음을 반드시 익혀야 합니다.

공식 1-A <강모음 + t + 약모음> [t]=>[r]로 소리 난다.

water [워-러ㄹ] matter [매-러ㄹ]
better [베-러ㄹ] bottom [바-럼]
hospital [하-스 삐러--ㄹ] sitting [씨-링], [씨-린]
Peter [피-러ㄹ] meeting [미-링], [미-린]
automatic [아-로매-릭] located [로-우케-이리ㄷ]
computer [컴 퓨-러ㄹ] United States [유나-이리ㄷ 스떼-이츠]

공식 1-B <강모음 + t + 약모음> [t]=>[r]로 소리 난다.

about it [어바-우 릿] go to school [고-우 러 스꾸--ㄹ]
a lot of [얼 라- 러] shut up [샤 랍]
get it [게- 릿] take it easy [테-이 끼 리-지]
get out of here [게 라-러 히-어ㄹ]
got a plan [가- 러 플랜] pick it up [피 끼 랍]
got up [가 랍] but I doubt it [버 라-이 다-우 릿]

공식 2-A <강모음 + d + 약모음> [d]=>[r]로 소리 난다.

everybody [에-ㅂ 리바리] medal [메-럴]
daddy [대-리] already [오-ㄹ 레-리]
lady [레-이리] cloudy [클라-우리]
modern [마-런] video game [븨-리오 게-임]
model [마-럴] credit card [크레-릿 카ㄹ ㄷ]

공식 2-B <강모음 + d + 약모음> [d]=>[r]로 소리 난다.

Good afternoon [그래- ㅍ 흐터ㄹ 눈-] good on you [그- 론 유]
Good evening [그리- ㅂ 흐 닌] did it [디 릿]
a good idea [어 그라-이 디-어] should I [슈라- 이]
had a chance [해- 러 챈-스] enjoyed it [인죠-이 릿]
made a mistake [메-이러 미스떼-이ㄱ] did he [디 리-]

공식 3-A <강모음 + rt + 약모음> [rt]=>[r]로 소리 난다.

dirty [더-ㄹ 리]
portable [포-ㄹ 러브--ㄹ]
party [파-ㄹ 리]
reporter [(우)리포-ㄹ 러ㄹ]
shorter [쇼-ㄹ 러ㄹ]
thirty [떠-ㄹ 리]
comfortable [캄-ㅍ훠 러브--ㄹ]
article [아-ㄹ 러크 --ㄹ]
harder [하-ㄹ 러ㄹ]
where do you [웨-어 류]

공식 4-A <강모음+nt+약모음> [nt]에서 [t]가 생략된다. <강모음+nd+약모음> [nd]에서 [d]가 생략된다.

center [쎄- 너ㄹ]
dentist [데-니스ㅌ]
international [이-너내-셔 너--ㄹ]
interview [이-너ㄹ 뷰]
counter [카-우너ㄹ]
Toronto [투(우)라-노우]
wanted [워-니ㄷ]
painting [페-이 닌]
printed [프(우)리-니ㄷ]
understand [언-더ㄹ 스땐-ㄷ]
round [(우)라-운ㄷ]

공식 4-B <강모음+nt+약모음> [nt]에서 [t]가 생략된다. <강모음+nd+약모음> [nd]에서 [d]가 생략된다.

want a [워- 너]
sent it [쎄- 닛]
in front of [인 ㅍ흐 (우)러- 너]
wanted to [워- 니러]
on account of [온 어카-우 너]
going to [고- 너], [가- 너]
trying to [추라-이 너]
sent him [쎄- 님]
send it [쎄- 닛]
find out [ㅍ화-나웃]

공식 5-A <자음+t+자음> 자음 사이에서 [t]가 탈락된다. <nt>음에서 보통 [t]가 탈락된다.

just now [죠-스 나-우]
last weekend [라-스 윅 껜]
next week [넥-스 윅]
must be [머-스 비]
best friend [베-스ㅌ ㅍ후렌]
isn't [이-즌ㅌ]
don't [도-운ㅌ]
doesn't [더-즌ㅌ]
can't [캐-엔ㅌ]
haven't [해-ㅂ흔ㅌ]

공식 6-A <자음+d+자음> 자음 사이에서 [d]가 탈락된다.

old man [오-울ㄷ 맨]
weekend [윅-껜ㄷ]
cold night [코-울ㄷ 나-잇]
would you mind [우 쥬- 마-인]
old fashioned [오-울ㄷ ㅂ홰-션ㄷ]
round trip [(우)라-운 츄렙]
told me [토-우 미]
beyond my ability [비요-인 마이 어빌-러 리]
world news [워ㄹ -울ㄷ 누-스]
understand me [언-더ㄹ스땐- 미]

공식 7-A <d + j> => <dʒ : 쥐>로 소리 난다.
<t + j> => <ʧ : 취>로 소리 난다.

individual [인-디 ㅂ휘-져--ㄹ]
natural [내-츄러--ㄹ]
schedule [스 께-쥬--ㄹ]
don't you [도-운 츄-]
could you [쿠 쥬-]
didn't you [디든 츄-]
would you [우 쥬-]
get your [겟 츄어ㄹ]
did you [디 쥬-]
what you [웟 츄]

공식 8-A <dr + 모음> => <dʒr : 쥐ㄹ>로 소리 난다.
<tr + 모음> => <ʧr : 취ㄹ>로 소리 난다.

drawer [쥬(우)로-워ㄹ]
train [츄(우)레-인]
drink [쥬(우)링ㄱ]
tree [츄(우)리-]
dream [쥬(우)리ㅁ]
trip [츄(우)랩]
drive [쥬(우)라-이ㅂ흐]
trouble [츄(우)라- 브--ㄹ]
dress [쥬(우)레-스]
traffic [츄(우)래-ㅂ휙]

공식 9-A <dl, tl, dn, tn>사이에 'ㅅ'을 넣어 소리 난다.

hardly [하-ㄹ ㅅ을리]
all of a sudden [오-ㄹ 오ㅂ허 써-ㅅ은]
brightly [브라-ㅅ 을리]
garden [가-ㄹ ㅅ은]
lately [레-이ㅅ 을리]
written [(우)리-ㅅ 은]
certainly [써-ㄹ ㅅ 은리]
mountain [마-운ㅅ 은]
kindly [카-인ㅅ 을리]
Newton [뉴-ㅅ 은]

공식 10-A <sk+모음>=>된 소리 즉[ㅋ]=>[ㄲ]으로 소리난다.

ski [스 끼-]
skip over [스 낍 오-우 ㅂ 허ㄹ]
skin [스 낀-]
sky [스 까-이]
schedule [스 께- 쥬 -- ㄹ]
school [스 꾸 -- ㄹ]
square [스 퀘-어ㄹ]
score [스 꼬- 어ㄹ]
ticket [티-껫]
pick it up [피 끼 랍]

공식 11-A <sp 모음>=>된 소리즉[ㅍ]=>[ㅃ]으로 소리난다.

spring [스쁘린-]
speak [스삑-]
respect [(우)레스뻭-ㅌ]
Spain [스뻬-인]
space [스뻬-이스]
sport [스뽀-ㄹ ㅌ]
spaghetti [스빠게-리]
apple [애-쁘--ㄹ]
happy [해-삐]
wrap it up [(우)래 삐 랍]

공식 12-A <st+모음>=>된 소리즉[ㅌ]=>[ㄸ]으로 소리난다.

stop [스땁]
star [스따-ㄹ]
student [스뜌-(우) 던ㅌ]
mistake [미스떼-이ㄱ]
stay [스떼-이]
understand [언-더ㄹ스땐-ㄷ]
station [스떼-이션]
doctor [닥-떠ㄹ]
taste of [테-이ㅌ 오ㅂ]
date of [데-이ㅌ 오ㅂ]

공식 13-A <자음+모음>자음이 모음 앞에서 어울려 소리난다.

far away [ㅍ화-ㄹ어웨-이]
for a long time [ㅍ훠러 롱- 타-임]
half an hour [해-ㅍ훤 아-우 어ㄹ]
have a cold [해-ㅍ허코-우올ㄷ]
think about [ㅎ띵-꺼 바웃]
thanks again [ㅎ땡- 써 겐]
make it [메-이 낏]
Can I [캐 나-이]
wrap it up [(우)래- 삐 랍]
there is [데-어ㄹ 리-ㅈ]

공식 14-A <s,z+j>이면 [s]=>[ʃ:쉬],[z]=>[ʒ:쥐]로 소리난다.

this year [ㅎ디- 쉬-어ㄹ]
makes you [메-이ㅋ 슈]
brush your [브라-슈어ㄹ]
wish you [위-슈]
How's your [하-우 쥬-어ㄹ]

as you [애 쥬]
does your [더 쥬-어ㄹ]
is your [이 쥬-어ㄹ]
was you [워-쥬]
knows you [노-우 쥬]

공식 15-A <자음 + j>이면 자음은 [j]에 어울려 소리 난다.

have you [해-ㅂ휴]
love you [러-ㅂ휴]
of you [오 ㅂ휴]
thank you [땡- 큐]
pick you [피-ㄱ 뀨]

take your [테-이 뀨어ㄹ]
keep your [키-ㅂ 쀼어ㄹ]
beg your [베-ㄱ 규어ㄹ]
if you [이-ㅍ휴-]
are you [아ㄹ 류]

공식 16-A <th>가 생략되면서 앞의 자음과 어울려 소리난다.

what's the [웟- 써]
what's that [웟- 쌧]
is this [이 지-ㅅ]
is there [이 제-어ㄹ]
all the time [오- 러 타-임]

call that [콜-랫]
been there [베-네-어ㄹ]
in the [이 너]
down there [다-우 네어ㄹ]
near the [니-어ㄹ 러]

공식 17-A <자음+자음>같은 자음이 겹치면 앞의 자음 생략

had dinner [해-ㄷ 디-너ㄹ]
cold day [코-우을ㄷ 데-이]
should do [슈-ㄷ 두]
cold drink [코-우을ㄷ 쥬린ㅋ]
wolf fighting [워-ㅍ화-이틴]

beef for dinner [비-ㅍ훠ㄹ 디-너ㄹ]
speak Korean [스삑 코리-언]
dark colored [다-ㄹㅋ 칼-라ㄹㄷ]
all lions [오--라-이온즈]
call later [코--ㄹ 레-이러ㄹ]

공식 17-B <자음+자음>같은 자음이 겹치면 앞의 자음 생략

warm milk [워ㄹ (ㅁ) 미-억]
summer [써-머ㄹ]
can not [캐 낫]
this Saturday [디 쌔-러ㄹ 데이]
Yes, sir [예 써ㄹ]
bus stop [버 스땁]
just told you [죠스ㅌ 토-우 쥬]
part time job [파-ㄹ 타임 잡]
went to [웬 투]
next time [넥스 타임]
rushed to [(우)라-쉬 투]
orange juice [오-린 쥬스]

공식 18-A <자음+자음>비슷한 자음이 겹치면 앞의 자음 생략

glad to [글래-ㄷ 투]
had to [해-러]
round trip [(우)라-운 츄렙]
front desk [ㅍ후런-데스 ㅋ]
What do you [워 르 유]
must do [머스ㅌ 두]
found the [ㅍ화-우 너]
behind the [버하-이너]
paint the [페-인 더]
washed the [워-쉬 더]

공식 18-B <자음+자음>비슷한 자음이 겹치면 앞의 자음 생략

have for lunch [해-ㅍ훠ㄹ 런-취]
move from [무-ㅂ ㅍ훠럼]
move back [무-ㅂ 백]
five babies [ㅍ 화-이ㅂ 베-이비스]
months [먼- 스]
both students [보-우 스뜌-던츠]
please send [플리-즈 쌘ㄷ]
was sunk [워ㅈ 썽ㅋ]
jump back [졈 백]
forty-sixth [ㅍ 훠-ㄹ리 쎅스]

공식 19-A <자음+자음+자음>자음 3개 겹치면 가운데 자음 생략

thanks [땡-스]
stamps [스템-스]
handkerchief [행-커ㄹ 취ㅍㅎ]
West Point [웨-스ㅌ 포-인ㅌ]
sandwich [쌘-위취]
recently [(우)리ㅅ 슨리]
postpone [포-스ㅌ폰]
chestnut [체-스ㅌ넛]
empty [엠-ㅍ 띠]
attempt [어템-ㅍ 트]

공식 20-A <~ing>에서 [g]가 생략된다.

staying [스떼-인]
getting [게-ㅅ린]
something [썸-띤]
nothing [낫-띤]
coming [카-민]
going [고-우인]
doing [두-인]
looking [룩-낀]
going on [고-우이 넌]
going to [고-우 너]

공식 21-A <h>음이 약모음 앞에서 생략된다.

tell him [텔 럼]
come here [카 미-어ㄹ]
her name [어ㄹ 네-임]
What's he [웟 씨]
did he [디 리]
to him [터 엄]
with him [위 덤]
give him [기-ㅂ 엄]
leave her [리ㅂ 허ㄹ]
stop him [스따 뻠]

공식 22-A <th>음이 약모음 앞에서 생략된다.

pick them up [피 껌 압]
let them [레 럼]
told them [토-우 럼]
some of them [써- 머 범]
all of them [오-러 범]
sell them [쎄--ㄹ 럼]
both of them [보-우 써 범]
saw them [쏘-우 엄]
look at them [룩 애 럼]
make them [메-이 껌]

공식 23-A <be + S>의 축약형

am I [어 마-이]
What am I [워 러 마-이]
are you [아ㄹ 유-]
What are you [워 러 유-]
Where are you [웨어 러 유-]
is he [이 지-]
was she [워 쉬-]
is this [이 지-스]
is it [이 짓]
How's it [하-우 짓]

공식 24-A <do, does, did + S>의 축약형

What do you [워 ㄹ 유]
Where do you [웨-어 ㄹ 유]
How do you [하-우 ㄹ 유]
does he [더 지]
What does she [웟 더 쉬]
does it [더 짓]
did he [디 리-]
What did you [웟 디 쥬]
When did you [웬 디 쥬]
did it [디 릿]

공식 25-A <S + V>을 주려서 발음한다.

I'll [아-이 어 -- ㄹ], [아우], [아]
I'd [아-이ㄷ]
I've [아-이ㅂㅎ]
You'll [유 어--ㄹ]
You'd [유-ㄷ]
You've [유-ㅂㅎ]
He'll [히-어--ㄹ]
She'll [쉬- 어--ㄹ]
It'll [이-러--ㄹ]
That'll [대-러--ㄹ]

공식 26-A <V>음은 자음 앞에서 탈락, 모음 앞에서 연음된다.

a cup of coffee[어카파 커-프휘]
a glass of milk[어글래-써 미-억]
a pair of shoes[어페어 러 슈-즈]
a lot of traffic[어라-러 추래-프휙]
get out of here[게라-러 히-어ㄹ]
a couple of weeks[어카-플러 윅스]
all of a sudden[오-오버 써-ㅅ은]
first of all[프휘ㄹ-스트 오ㅂ오-ㄹ]
out of job[아-우 러ㅂ 잡]
all of you [오--ㄹ 오 ㅂ휴]

공식 27-A <to>음은 약화되어 [ə], [tə], [rə]로 소리 난다.

going to be [고- 너 비]
going to stay [고- 너 스떼-이]
going to make [고- 너 메-익]
trying to get [추라-이너 겟]
have to go [해-프후터 고-우]
has to leave [해-즈터 리-ㅂㅎ]
want to do [워- 너 두]
want to postpone[워-너포스폰]
wants to take [원-츠 투 테-익]
used to be [유-스 터 비]

공식 27-B <to>음은 약화되어 [ə], [tə], [rə]로 소리 난다.

go to school [고-우 러 스꾸 --ㄹ] You've got to [유-ㅂ흐 가-러]
go to church [고-우 러 쳐-ㄹ 취] She's got to [쉬-즈 가-러]
go to the park [고-우 러 더 파-ㄹㅋ] had to [해-러]
go to see a movie [고-우 러 씨-어 무-ㅂ휘] ought to [아-러]
I've got to [아이ㅂ흐 가-러] need to [니-러]

공식 28-A <and>=>[n],<or>=>[o]로 앞 단어에 끌려서 소리남.

You and I [유 은 아-이] cats and dogs [캣 츤 도-ㄱ 스]
bread and butter [브레-든 버-러ㄹ] Bill and Tom [빌 른 탐]
black and white [블랙-은 와-이ㅌ] coffee or tea [커-프휘 오ㄹ 티]
come and see [캄 은 씨] now or later [나-우 오ㄹ 레-이러ㄹ]
up and down [압 쁜 다-운] to go or to eat [투 고-우 오ㄹ 투 잇]

공식 29-A <i>는 강세가 없으면 [ə], 강세가 있으면 [e]로 소리남.

April [에-이쁘러--ㄹ] before [버프휘ㄹ-]
holiday [할-러데이] sit down [쎗 다운]
impossible [임파-써브--ㄹ] swim [스 웸-]
terrible [테-러브--ㄹ] been [벤]
pencil [펜써--ㄹ] minute [메- 넷]

공식 30-A 미국영어에서는 [ɔ]가 [ɑ]로 소리 난다.

philosophy [프휘라-쏘프휘] modern [마-런]
daughter [다-러ㄹ] doll [다--ㄹ]
college [카--ㄹ 리쥐] hospital [하-스삐러--ㄹ]
jog [쟈-ㄱ] comedy [카-메리]
promise [프(우)라-미스] opera [아-퍼러]

공식 30-A 미국영어에서는 [ɔ]가 [ɑ]로 소리 난다.

Toronto [투라-노]
opportunity [아-퍼튜-너디]
occupation [아큐페-이션]
bottom [바-럼]
possible [파-써블-ㄹ]
helicopter [헬-리카ㅂ터ㄹ]
operate [아-퍼레잇]
bottle [바-러--ㄹ]
rocket [(우)라-켓]

공식 31-A [l]발음을 [ə]를 추가하여 발음한다.

will [위-어 --ㄹ]
style [스따-이어 --ㄹ]
detail [디-테이어 --ㄹ]
oil [오-이어 --ㄹ]
oatmeal [오-ㅅ미어 --ㄹ]
film [ㅍ휘-엄]
milk [미-어ㄹㄱ]
help [헤-어ㄹㅂ]
golf [고-ㅍㅎ]
full-time [ㅍ훌- 타임]

참고서적 :
NIV 영어 성경
개역개정 성경
핵심 성구 2000(순복음영산신학원)
삶에 힘이 되는 성경말씀 100(생명의 말씀사)
하나님의 약속(생명의 말씀사)
핵심성구 777(아가페 북스)
365일 작은 예수(교회성장연구소)

강의 : 영어 강의 35년
대일외국어학원(서울)
ESS 외국어학원(부산)
부산대학교 언어연구소(부산)
한일외국어학원(서울 현재)

출간 : 영어 교재 30여권 출간: < 대표 도서 >
Step By Step series 25여권
Language Plus(시사 Education) 출간
미국말 듣기 33(영어발음 교정교재)
영어회화 핵심표현 233(여행회화)

EMB 도서출판 출간
EMB 영어성경(NIV 시편 해설집)
EMB 영어성경(NIV 잠언 해설집)
한글로 발음 표기한 영어회화 핵심표현 233 WORKBOOK

한글로 발음 표기한 NIV영어성경 암송요절 333 구약편

초판 2쇄 ; 2014년 10월 9일
지 은 이 : Thomas Bang
펴 낸 이 : 방 정 인
펴 낸 곳 : 도서출판 *EMB*
정 가 : 13,000원
주 소 : 경기도 용인시 수지구 용구대로 2771번길 68, 102-803
전 화 : 010-5250-6343
E-mail : Thomas38916@naver.com